Wissenschaftliches Arbeiten im Sportstudium – Manuskript und Vortrag

Georg Wydra

Wissenschaftliches Arbeiten im Sportstudium – Manuskript und Vortrag

mit den aktuellen APA-Zitationsregeln

Meyer & Meyer Verlag

Die Deutsche Bibliothek – CIP Einheitsaufnahme

Georg Wydra:
Wissenschaftliches Arbeiten im Sportstudium: Manuskript und Vortrag. Georg Wydra.
– Aachen : Meyer und Meyer, 2003
ISBN 3-89124-940-3

Adelaide, Auckland, Budapest, Graz, Johannesburg, Miami,
Olten (CH), Oxford, Singapore, Toronto
Member of the World
Sportpublishers' Association (WSPA)
Druck: Vimperk AG
ISBN 3-89124-940-3
E-Mail: verlag@m-m-sports.com

INHALT

1 EINLEITUNG

Dieser kleine Ratgeber ist vor dem Hintergrund zahlreicher Erfahrungen im Rahmen von universitären Veranstaltungen entstanden. Immer wieder leiden die Studierenden unter der scheinbar schwierigen Frage, wie ein Manuskript gestaltet und wie ein Vortrag aufgebaut werden soll.

Zu diesen Fragen gibt es zahllose Publikationen (siehe hierzu Czwalina, 1997; Deutsche Gesellschaft für Psychologie, 1997; Hager & Spies, 1991; Krämer, 1993). Verwirrend ist hierbei die Vielfalt der vorliegenden Texte zur Lösung der anstehenden Probleme. Hinzu kommt, dass sich die Studierenden auf Grund des Zeitdrucks oftmals nicht intensiv mit der zumeist sehr umfangreichen Spezialliteratur beschäftigen können.

Der vorliegende kleine Ratgeber soll das Wichtigste vom Wichtigen in einer sehr stark komprimierten Form darbieten. Das bedeutet aber auch, dass er die eine oder andere wichtige Nebeninformation nicht geben kann. Auch wird mancher Spezialist zu Recht bemerken, dass das Problem vielschichtiger ist und der Teufel zuweilen im Detail verborgen liegt.

Trotz der möglichen Kritik ist der Autor der Überzeugung, dass die hier gegebenen Hinweise sehr viele Probleme im studentischen Alltag beseitigen können.

Der Ratgeber beschäftigt sich zunächst mit der Erstellung eines Manuskripts für eine Seminar- oder Examensarbeit. Danach werden die Prinzipien herausgearbeitet, die bei einem Vortrag zu berücksichtigen sind. Dass Vortrag und Manuskript zwei verschiedene Paar Schuhe darstellen, weiß jeder aus eigener Erfahrung. Beide müssen dementsprechend vollkommen anders aufgebaut werden.

Sowohl bei den Ausführungen zum schriftlichen als auch zum mündlichen Referat werden zunächst allgemeine Vorbemerkungen zur Funktion dieser Formen der Präsentation wissenschaftlichen Arbeitens gemacht. Danach werden die wichtigsten formalen Aspekte dargestellt. Abgeschlossen werden die Kapitel jeweils von einer Liste der wichtigsten Kriterien zur Bewertung eines Manuskripts bzw. eines Vortrags.

Bei den Formalia orientiert sich der Autor an den neuen Richtlinien für die deutschsprachige Sportwissenschaft. Im Herbst 2001 haben sich Vertreter und Redakteure führender sportwissenschaftlicher Verlage, Zeitschriften und Schriftenreihen für die Einführung eines einheitlichen Zitationsstandards in der Sportwissenschaft ausgesprochen. Die Entscheidung fiel auf den Standard der American Psychological Association.

Der Umgang mit der Textbearbeitung ist Gegenstand des letzten Kapitels. Die Textbearbeitung kann insbesondere bei Examens- und Diplomarbeiten ein Segen sein, wenn der Anwender elementare Grundsätze beachtet. Speziell für studentische Zwecke hat der Autor Dokumentformatvorlagen entwickelt, sodass viele Layoutprobleme bei Staatsexamens- und Diplomarbeiten der Vergangenheit angehören. Diese Dokumentvorlagen können über das Internet heruntergeladen werden.

Der Ratgeber richtet sich hauptsächlich an Studierende der Sportwissenschaft, die im Rahmen ihres Studiums Seminar-, Staatsexamens- und Diplomarbeiten erstellen müssen. Darüber hinaus sollen aber auch alle anderen, die eventuell ein Manuskript für eine Zeitschrift oder einen Vortrag vorbereiten wollen, angesprochen werden. Es bleibt zu hoffen, dass dieser kleine Ratgeber allen hilft, die Probleme beim Erstellen von Manuskripten oder beim Vorbereiten eines Vortrags in den Griff zu bekommen.

2

DAS MANUSKRIPT

Die folgenden Ausführungen beschäftigen sich mit der Gestaltung eines schriftlichen Referats. Nach allgemeinen Vorbemerkungen wird im zweiten Unterkapitel ein Überblick über die Elemente einer Arbeit gegeben. Diese Strukturierung soll sowohl bei der Anfertigung einer eigenen Arbeit dienlich sein als auch bei der kritischen Analyse von vorliegenden empirischen Arbeiten. Das dritte Unterkapitel stellt die wichtigsten formalen Regeln, die bei der Manuskripterstellung zu beachten sind, dar. Abschließend werden Kriterien für die Bewertung eines schriftlichen Referats vorgestellt.

2.1 Allgemeines

Der vorliegende kleine Ratgeber soll Hinweise zur Erstellung von Manuskripten in der Sportwissenschaft geben. In der Vergangenheit gab es keine allgemein verbindlichen Richtlinien für die Gestaltung wissenschaftlicher Arbeiten in der Sportwissenschaft (Wydra, 2000). Am 20. und 21. September 2001 fand in Köln ein Expertentreffen zu Fragen des Publizierens in der Sportwissenschaft statt.

Die dort versammelten Sportwissenschaftler, Vertreter und Redakteure führender sportwissenschaftlicher Verlage, Zeitschriften und Schriftenreihen haben sich für die Einführung eines einheitlichen Zitationsstandards in der Sportwissenschaft ausgesprochen, wobei die Entscheidung auf den Standard der American Psychological Association (APA, 2001; Deutsche Gesellschaft für Psychologie, 1997) fiel. Es handelt sich um einen international anerkannten Standard, der weltweit von allen psychologischen Zeitschriften und Schriftenreihen zu Grunde gelegt wird. Mit der Übernahme dieses Standards durch die deutschsprachige Sportwissenschaft wurde ein wesentlicher Schritt zur weiteren wissenschaftlichen Etablierung des Fachs getätigt.

Bei Seminar-, Staatsexamens- und Diplomarbeiten sollten die Autoren einen breiteren Gestaltungsspielraum für das Layout haben als bei Manuskripten für Zeitschriften. Deshalb wurde bei diesem Ratgeber zuweilen bewusst von den Richtlinien der APA abgewichen (siehe hierzu auch Deutsche Vereinigung für Sportwissenschaft, 2002).

Mit einer Seminararbeit bzw. einer wissenschaftlichen Haus-, Magister- oder Diplomarbeit sollen Studierende nachweisen, dass sie in der Lage sind, selbstständig eine wissenschaftliche Arbeit mit den Methoden des Fachgebiets zu erstellen. Dabei soll sowohl die relevante sportwissenschaftliche Literatur als auch die Literatur aus den relevanten Nachbardisziplinen berücksichtigt werden.

Dieser kleine Ratgeber soll eine erste und grobe Orientierung bei der Erstellung eines wissenschaftlichen Manuskripts darstellen. Die Broschüre ersetzt nicht die intensive Auseinandersetzung mit der relevanten Literatur.

2.2 Hinweise zur formalen Gestaltung eines Manuskripts

2.2.1 Gliederung der Arbeit

Eine klare Gliederung der Arbeit dient der Übersichtlichkeit. Hiervon haben sowohl der Leser als auch der Schreiber etwas. Der Leser kann sich bei einer entsprechend gewählten Gliederungssystematik im Text besser orientieren. Lernpsychologisch ist diese Orientierung sehr wichtig, um den Text besser aufnehmen zu können (Vester, 1996). Insbesondere bei längeren Texten ist diese Orientierung im Text aber auch für den Schreiber sehr wichtig.

Alle Textbearbeitungsprogramme verfügen über Gliederungsfunktionen (siehe Kapitel 4.3). Diese Gliederungsfunktion erlaubt es, sehr schnell den gesamten Text umzustrukturieren. Voraussetzung hierfür ist jedoch, dass den Überschriften bestimmte Absatzformatvorlagen zugewiesen werden. Auch für die automatische Erstellung des Inhaltsverzeichnisses ist eine Gliederung des Textes notwendige Voraussetzung.

Vorteilhaft ist der Gebrauch der so genannten *juristischen* oder *Dezimalnummerierung*, wie sie auch bei diesem Ratgeber verwendet wurde. Hierbei dienen arabische Ziffern der Nummerierung. Die Ziffern werden durch Punkte voneinander getrennt. Nach der letzten Ziffer wird kein Punkt gesetzt.

Beispiel für eine juristische Nummerierung	
1	Kapitelüberschrift 1. Ordnung
1.1	Kapitelüberschrift 2. Ordnung
1.2	Kapitelüberschrift 2. Ordnung
1.2.1	Kapitelüberschrift 3. Ordnung
1.2.2	Kapitelüberschrift 3. Ordnung
1.3	Kapitelüberschrift 2. Ordnung
2	Kapitelüberschrift 1. Ordnung

Eine Untergliederung macht nur Sinn, wenn mindestens zwei Unterkapitel vorliegen. Wenn dies nicht der Fall ist, ist das entsprechende Kapitel überstrukturiert. In der Regel werden nur die Bestandteile des Textes entsprechend strukturiert und durchnummeriert. Das Literaturverzeichnis wird beispielsweise nicht durchnummeriert.

Bei der Endfassung des Textes ist darauf zu achten, dass es zu keiner Überstrukturierung kommt. Texte, die nur aus wenigen Abschnitten oder gar Zeilen bestehen, rechtfertigen keine eigene Kapitelüberschrift. In diesem Ratgeber wurde zuweilen aus didaktischen Gründen gegen diese Regel verstoßen.

2.2.2 Kapiteleinleitungen und -zusammenfassungen

Kapiteleinleitungen und -zusammenfassungen dienen wie eine klare Struktur und Gliederung der besseren Aufnahme des Textes durch den Leser. In den Kapiteleinleitungen sollte dargestellt werden, wovon das folgende Kapitel handelt und wie es gegliedert ist. In den Kapitelzusammenfassungen sollten die wesentlichen Aussagen nochmals zusammengefasst werden.

2.2.3 Zitate

In wissenschaftlichen Arbeiten muss deutlich werden, von wem welche Informationen stammen und auf wen sich der Autor bezieht. Hierzu dienen die Angaben der Quellen der Zitation. Man unterscheidet *inhaltliche* und *wörtliche Zitate.*

Bei *wörtlichen Zitaten* wird eine Quelle genau so wiedergegeben, wie sie im Original gefunden wurde. Bei *inhaltlichen Zitaten* hingegen wird nicht der exakte Wortlaut wiedergegeben, sondern nur der Inhalt, d. h., was der zitierte Autor gesagt hat. Auch Abbildungen und Tabellen, die übernommen werden, sind in diesem Sinne als Zitate zu verstehen und entsprechend zu kennzeichnen.

Wird ein Autor inhaltlich oder wörtlich zitiert, so erfolgt eine Angabe der Fundstelle mit dem Familiennamen des Autors, dem Erscheinungsjahr und der Seitenangabe. Formal wird dabei folgendermaßen vorgegangen:

Hinter dem Namen des Autors folgt getrennt durch ein Komma die Jahreszahl. Anschließend folgt mit einem Komma getrennt die Seitenangabe. Die Seitenangabe sollte möglichst genau sein. Umfasst sie mehrere Seiten, so sollten diese genau angegeben werden, z. B. „S. 5 - 11".

Bei zwei Autoren eines Beitrags werden die Familiennamen im Text durch *und* voneinander getrennt, innerhalb von Klammern und im Literaturverzeichnis durch das Et-Zeichen &.

Bei mehr als zwei, aber weniger als sechs Autoren werden bei der ersten Nennung im Text alle Autoren angegeben. Hierbei werden die Namen der Erstautoren durch ein Komma voneinander getrennt und der letzte Autor durch das Zeichen & angehängt. Bei einer weiteren Nennung wird hinter dem Namen des Erstautors der Zusatz et al. gesetzt.

Beispiele für Zitate

Inhaltliches Zitat: Dietrich, Berthold und Brenke (1985, S. 926) stellen hierzu fest, dass keine Untersuchungen vorliegen, die eindeutig die Überlegenheit einer Methode zur Muskeldehnung beweisen.
Oder: Man kann hierzu festhalten, dass keine Untersuchungen vorliegen, die eindeutig die Überlegenheit einer Methode beweisen (Dietrich et al., 1985, S. 926).

Wörtliches Zitat: Murphy (1991, p. 67) trägt zur Verwirrung der Anwender von Dehntechniken bei, wenn er seinen Artikel mit dem Titel überschreibt: „A critical look at static stretching: Are we doing our patients harm?"
Oder: Zum Teil werden die Anwender durch bestimmte Titel eher verwirrt, wenn ein Artikel beispielsweise wie folgt überschrieben wird: „A critical look at static stretching: Are we doing our patients harm?" (Murphy, 1991, p. 67).

Angaben zu weiteren Quellen werden durch Semikolon von der ersten Quellenangabe getrennt. Werden verschiedene Autoren genannt, so werden diese in alphabetischer Reihenfolge aufgeführt (z. B.: ... Abele, 1999; Meyer, 1986; Schmitt, 2000). Die Quellenangaben werden innerhalb eines Satzes in Klammern gesetzt.

Eine Besonderheit stellen so genannte *Blockzitate* dar: Umfasst ein Zitat mehr als 40 Wörter, wird der Text links und rechts eingerückt und somit als Zitat kenntlich gemacht. Anführungszeichen am Anfang und Ende entfallen. Die Quellenangabe steht in Klammern hinter dem letzten Satzzeichen des Blockzitats (siehe hierzu das nachfolgende Zitat).

Beispiel für ein Blockzitat[1]

In jeder wissenschaftlichen Arbeit wird man sich auf allgemein bekanntes Gedankengut und Wissen ebenso stützen wie auf eigene Ideen. Zudem wird man in aller Regel recht umfänglich auch auf eine dritte Art von Quellen zurückgreifen müssen, nämlich auf Ausführungen, die von anderen Autoren stammen und die gewissermaßen als deren „geistiges" Eigentum anzusehen sind. Dieses „geistige Eigentum" benutzt der Verfasser einer wissenschaftlichen Arbeit gleichsam als eine Art „Leihgabe". Dafür muß er eine „Leihgebühr" in Form der Mitteilung desjenigen Autors entrichten, von dem er etwas übernommen hat. (Hager & Spies, 1991, S. 46)

[1] Die Deutsche Vereinigung für Sportwissenschaft (dvs) verzichtet in ihren Hinweisen zur Manuskripterstellung auf die spezielle Ausweisung von Blockzitaten.

Sekundärzitate

Zitate, die der Autor selbst nicht im Original gelesen und von anderen Autoren übernommen hat, müssen als solche kenntlich gemacht werden, indem angegeben wird, von wem das Originalzitat stammt und wo es abgeschrieben wurde. Dies gilt nicht nur für wörtliche, sondern auch für inhaltliche Zitate. Unterlässt der Autor diese Angaben, macht er sich des Plagiats (Diebstahl geistigen Eigentums) schuldig! Dies kann bei einer Examens- oder Diplomarbeit zur Nichtannahme der Arbeit führen. Auch von anderen Autoren übernommene Abbildungen und Tabellen sind als solche kenntlich zu machen. Sekundärzitate sollten die absolute Ausnahme darstellen. Dies gilt insbesondere für Standardliteratur. Außerdem besteht die Gefahr, dass man falsche Zitate übernimmt. Irren ist menschlich und deshalb sind Zitierfehler auch bei Fachleuten niemals auszuschließen.

Beispiele für Sekundärzitate

Sekundärzitation eines inhaltlichen Zitats:

Eine Reihe von Veröffentlichungen nahm die bisher im Sport anzutreffenden dynamischen Dehntechniken kritisch unter Gesichtspunkten der Verletzungsgefahr unter die Lupe (Müller, 1985, zitiert nach Meyer, 1994, S. 29).

Sekundärzitation eines wörtlichen Zitats:

„It appears today that static stretching is a better approach, as compared to repetitive dynamic lengthening, because it avoids the reflex activity of the stretched muscle" (Guissard, Duchateau & Hainaut, 1988, p. 47, zitiert nach Schmitt, 1994, S. 29).

Auslassungen

Auslassungen von weniger als einem Satz werden durch drei und eines ganzen Satzes durch vier Punkte kenntlich gemacht.

Einfügungen

Alle Arten von Ergänzungen, Erläuterungen etc., die in einem Zitat vorgenommen werden, werden in eckige Klammern gesetzt.

Fehler im Zitat und neue Rechtschreibung

Fehler in einem Zitat werden übernommen und durch ein in eckige Klammern gesetztes und kursiv geschriebenes [*sic*] kenntlich gemacht.
Zum Beispiel: „Wiederspiegeln [*sic*] wurde hier falsch geschrieben."
Bei älteren Zitaten wird die alte Rechtschreibung beibehalten.

2.2.4 Literaturverzeichnis

Im Literaturverzeichnis sind alle im Text angeführten Quellen – aber auch nur diese – anzugeben. Dazu gehören auch die sekundär zitierten Quellen. Es ist darauf zu achten, dass auch die zitierte Sekundärliteratur angegeben wird. Die Literaturangaben sind so zu gestalten, dass sich jeder Leser mithilfe der bibliografischen Angaben die Quellen beschaffen kann. Hierzu gehören im Allgemeinen:

- Namen und abgekürzte Vornamen des Autors oder der Autoren. Es müssen hier im Gegensatz zum Text sämtliche Autoren angegeben werden.
- Erscheinungsjahr
- Titel der Publikation
- Auflage: Hierbei ist es wichtig, nicht nur die Auflage anzugeben, sondern auch, ob es sich um eine überarbeitete Auflage handelt.
- Erscheinungsort: Hat ein Verlag mehrere Verlagsorte – wie z. B. beim Verlag Hogrefe Göttingen, Toronto und Zürich – so wird nur der erste Verlagsort angegeben. Bei Zeitschriften werden weder der Verlag noch der Erscheinungsort angegeben.
- Angabe des Verlages

Im Folgenden sollen nur die wichtigsten Regeln aufgelistet werden. Eine vollständige Darstellung findet sich bei APA (2001).

Formal gilt für Bücher folgendes Muster: Name des Autors oder der Autorin, Komma, Anfangsbuchstabe des Vornamens (oder Anfangsbuchstaben der Vornamen), in Klammern die Jahreszahl der Publikation, Punkt. Es folgt kursiv geschrieben der vollständige Titel des Buches und in Klammern die Auflage, Punkt. Erscheinungsort, Doppelpunkt, Angabe des Verlages, Punkt.

Beispiele für die bibliografische Angabe von Büchern

Opper, E. (1998). *Sport – ein Instrument zur Gesundheitsförderung für alle?* Aachen: Meyer & Meyer.

Bös, K. & Brehm, W. (Hrsg.). (1998). *Gesundheitssport. Ein Handbuch.* Schorndorf: Hofmann.

Hossner, E. J. & Roth, K. (Hrsg.). (1997). *Sport – Spiel – Forschung. Zwischen Trainerbank und Lehrstuhl* (Schriften der Deutschen Vereinigung für Sportwissenschaft, 84). Hamburg: Czwalina.

Summers, J. J. (Ed.). (1992). *Approaches to the Study of Motor Control and Learning.* Amsterdam: Elsevier.

Deutsche Gesellschaft für Psychologie. (1997). *Richtlinien zur Manuskriptgestaltung* (2. überarbeitete und erweiterte Aufl.). Göttingen: Verlag für Psychologie Dr. C. J. Hogrefe.

Laplace, P.-S. (1951). *A philosophical Essay on Probabilities.* New York: Dover. (Original veröffentlicht 1814)

Bei Beiträgen aus Büchern werden die Namen der Autoren des Buches in der Reihenfolge Vorname, Nachname geschrieben. Die Seitenangabe erfolgt hinter dem kursiv geschriebenen Titel des Buches in Klammern.

Beispiele für die bibliografische Angabe von Beiträgen in Büchern

Rieder, H. (1987). Sporttherapie. In H. Eberspächer (Hrsg.), *Handlexikon Sportwissenschaft* (S. 421 - 423). Reinbek: Rowohlt.

Vanden-Abeele, J. & Schüle, K. (2000). Wissenschaftliche Begründung der Sporttherapie. In K. Schüle & G. Huber (Hrsg.), *Grundlagen der Sporttherapie* (S. 9 - 31). München: Urban & Fischer.

Franke, E. (1995). Ethische Probleme sportlicher Höchstleistung und ihrer Wissenschaft. In J. Krug & H.-J. Minow (Hrsg.), *Sportliche Leistung und Training* (Schriften der Deutschen Vereinigung für Sportwissenschaft, 70, S. 49 - 66). Sankt Augustin: Academia.

Wallace, S. A. (1996). Dynamic Pattern Perspective of Rhythmic Movement: An Introduction. In H. Selaznik (Ed.), *Advances in Motor Learning and Control* (pp. 155 - 194). Champaign, IL: Human Kinetics.

Ist die Quelle in einer Zeitschrift zu suchen, so sind neben den Angaben über Autor, Erscheinungsjahr und Titel des Beitrags der Titel der Zeitschrift, die Band- bzw. Jahrgangsnummer und die Seitenzahlen anzugeben. Hierbei werden nach dem Titel des Beitrags der Titel der Zeitschrift und die Bandnummer kursiv angeschlossen. Es folgen die genauen Seitenzahlen (nicht nur ff.).

Beispiele für die bibliografische Angabe einer Zeitschrift mit bandweiser Paginierung

Tiemann, M., Brehm, W. & Sygusch, R. (2001). Öffentliche Gesundheit und Gesundheitssport. *Gesundheitssport und Sporttherapie, 17,* 199 - 201.

Roth, K. (1991). Entscheidungsverhalten im Sportspiel. *Sportwissenschaft, 21*, 229 - 246.

Krüger, M. & Grupe, O. (1998). Sport- oder Bewegungspädagogik? Zehn Thesen zu einer Standortbestimmung. *sportunterricht, 47*, 180 - 187.

Lees, A., Graham-Smith, P. & Fowler, N. (1994). A Biomechanical Analysis of the Last Stride, Touchdown, and Takeoff Characteristics of the Mens Long Jump. *Journal of applied Biomechanics, 10*, 61 - 78.

Falls die Seiten der Bände bzw. Jahrgänge nicht durchnummeriert (paginiert) sind, so ist zusätzlich die betreffende Heftnummer anzugeben. Dies ist z. B. bei den Zeitschriften „Leistungssport" und „dvs-Informationen" der Fall.

Beispiel für die bibliografische Angabe einer Zeitschrift mit heftweiser Paginierung

Wydra, G. (2000). Bibliographische Standards in der Sportwissenschaft. Ergebnisse einer Onlinebefragung. *dvs-Informationen, 15* (2), 30 - 33.

Kolb, M. (1999). Visionen zur Zukunft von Studium und Lehre in Sport und Sportwissenschaft. Zur Konzeption modularer strukturierter Studiengänge. *dvs-Informationen, 14* (2), 44 - 50.

Lange, H. (2001). „Power Grind". Bewegungslernen an der Skater-Anlage. *sportpädagogik, 25* (6), 16 - 19.

Bei Themenheften einer Zeitschrift wird das Thema des Heftes durch den in Klammern gesetzten Titel des Heftes gekennzeichnet.

Beispiel für Literaturangaben von Themenheften von Zeitschriften

Tack, W. (Hrsg.). (1986). Veränderungsmessung [Themenheft]. *Diagnostica*, *32* (1).

Forschungsberichte, Dissertationen, Vorträge und zur Veröffentlichung eingereichte Arbeiten werden deutlich als solche gekennzeichnet.

Beispiele für die bibliografische Angabe von unveröffentlichten Arbeiten, Forschungsberichten, Vorträgen und zur Veröffentlicheung eingereichten Arbeiten

Schwarz, M. (2001). *Walking als Ausdauertrainingsform im Freizeit- und Gesundheitssport.* Unveröffentlichte Dissertation, Universität des Saarlandes, Saarbrücken.

Kubinger, K. D. (1981). *An Elaborated Algorithm for Discriminating Subject Groups by Qualitative Data* (Research Bulletin Nr. 23). Wien: Universität Wien, Institut für Psychologie.

Frohn, J. (2000, April). *Koedukation im Sportunterricht an Hauptschulen?* Vortrag auf dem 2. Kongress des Deutschen Sportlehrerverbands in Augsburg.

Pfister, G. (2002). *Turnen als Erinnerungsort – Mythen, Rituale und kollektive Symbole auf Deutschen Turnfesten vor dem ersten Weltkrieg.* Zur Veröffentlichung eingereicht.

Internetquellen

Quellen aus dem Internet sind prinzipiell zitierfähig. Auf Grund der Schnelllebigkeit des Mediums sollte jedoch nur darauf zurückgegriffen werden, wenn die Quelle nicht auf anderem Wege besorgt werden kann. Es wird deswegen empfohlen, nur Quellen einzusetzen, deren Beständigkeit zuverlässig eingeschätzt werden kann.

Zudem ist darauf zu achten, dass die zu zitierenden Textstellen eingegrenzt werden können (z. B. durch Seitenzahlen bei pdf-Dateien und durch Textanker (#Textstelle) oder Absatznummerierungen bei html-Dateien). Ein weiteres Qualitätsmerkmal für die Zitation einer Webseite ist die Verfügbarkeit von Metadaten im Quelltext der Seite, in denen alle wesentlichen Informationen enthalten sein sollen.

Beispiele für die bibliografische Angabe von Quellen aus dem Internet[2]

American Psychological Association. (2001). *General Forms for Electronic References.* Zugriff am 1. Oktober 2001 unter http://www.apastyle.org/elecsource.html

Deutsche Gesellschaft für Psychologie. (1997). *Auszug aus den Richtlinien zur Manuskriptgestaltung.* Zugriff am 12. November 2001 unter http://www.hogrefe.de/aktuell/3-8017-1025-4.html

Wydra, G. (2001). *Sportpädagogik zwischen schulischer Pflicht, Gesundheitsorientierung und Erlebnishunger.* Universität des Saarlandes, Sportwissenschaftliches Institut, Arbeitsbereich Sport- und Gesundheitspädagogik: Zugriff am 1. Oktober 2001 unter http://www.uni-saarland.de/fak5/sportpaed/pdf/Sportpaedagogik.pdf

[2] Zahlreiche weitere Beispiele hierzu finden sich auf der Homepage der Deutschen Vereinigung für Sportwissenschaft (dvs) unter URL: http://www.dvs-sportwissenschaft.de

Bei Beiträgen einer **Online-Zeitschrift (E-Journal)** wird im Prinzip verfahren wie bei einer normalen Zeitschrift. Existiert neben der html-Version eines reinen E-Journals auch eine pdf-Version, so ist vorzugsweise diese anzugeben, da hier durch die Seitenzahlen eine genauere Eingrenzung auf die Textstellen gegeben ist.

Sind Artikel als pdf-Dateien nach Absätzen nummeriert und somit die Eingrenzung auf die Textstellen dadurch gegeben, so können beide Versionen für die Zitation genutzt werden. Dabei ist nach dem Jahrgang der Zeitschrift die Anzahl der Absätze anzugeben (vergleichbar mit der Seiteneingrenzung bei Print-Journals).

Beispiele für die bibliografische Angabe von Beiträgen aus E-Journals

Thomas, M., Weller, V., Schulz, T. & Vörkel, C. (2001). Entwicklung einer mr-kompatiblen Schulterlagerungsschiene zur Funktionsuntersuchung der Schulter im offenen Kernspintomographen. *Klinische Sportmedizin/Clinical Sports Medicine-Germany, 2* (6), 85 - 93. Zugriff am 23. Februar 2002 unter http://klinische-sportmedizin.de/Auflage2001_6/Artikel_1_Schulterschiene/Schulterschiene.pdf

Pandel, H. J. (2001). Fachübergreifendes Lernen – Artefakt oder Notwendigkeit? *sowi-onlinejournal – Zeitschrift für Sozialwissenschaften und ihre Didaktik, 1*. Zugriff am 25. Februar 2002 unter http://www.sowi-onlinejournal.de/2001-1/pandel.htm

Hunger, I. & Thiele, J. (2000). Qualitative Forschung in der Sportwissenschaft. *Forum Qualitative Sozialforschung/Forum: Qualitative Social Research, 1* (1), 25 Absätze. Zugriff am 07. Februar 2001 unter http://www.qualitative-research.net/fqs-texte/1-00/1-00hungerthiele-d.pdf

Bei Beiträgen aus **E-Journals, die nicht öffentlich zugänglich sind,** sondern nur für Mitglieder oder autorisierte Personen lesbar sind, wird die Einstiegsseite des Journals angegeben. Optional kann in Klammern hinter der Internetadresse der Zusatz „(limitierter Zugriff)" angegeben werden.

Beispiel für die bibliografische Angabe von nicht öffentlich zugänglichen Beiträgen aus E-Journals

Schorer, J. & Raab, M. (2001). Effekte der Teach-Back-Methode beim motorischen Lernen. *Motorische Kontrolle und Lernen/Motor Control and Learning.* Zugriff am 22. Februar 2002 unter http://ites.orbis-communications.de

Nachrichten in **Mailinglisten und Newsgroups** sind grundsätzlich zitierfähig. Dabei sind archivierte Listen den nicht archivierten vorzuziehen. Bei nicht archivierten Mailinglisten und Newsgroups ist der Autor bei einer Zitation nachweispflichtig. Bei archivierten Mailinglisten, die über das Internet einsehbar sind, ist ebenfalls der URL anzugeben, bei nicht archivierten Mailing-Listen die E-Mail-Adresse der Liste. Hierbei ist auf die (auf den Tag) genaue Angabe des Datums zu achten:

Beispiele für die bibliografische Angabe von Mailinglisten

Wolters, P. (2001, 16. Februar). *Resolution Juniorprofessuren.* Nachricht veröffentlicht in Mailingliste SPORTWISS<sportwiss@ruhr-uni-bochum.de>

Brach, M. (1999, 4. März). *Mailinglisten Sportwissenschaft.* Nachricht veröffentlicht in Mailingliste SPORTWISS, archiviert unter http://www.listserv.dfn.de/htbin/wa.exe?A2=ind9903&L=sportwiss&F=P&S=&P=518

Bei im Internet einsehbaren Newslettern ist der URL anzugeben, bei nicht archivierten Newslettern ist der Autor nachweispflichtig. Die Genauigkeit der Datumsangabe hängt davon ab, in welchen periodischen Abständen der Newsletter erscheint (täglich, wöchentlich, monatlich, Jahreszeit).

Beispiele für die bibliografische Angabe von Newslettern

Fachgruppe Entwicklungspsychologie in der Deutschen Gesellschaft für Psychologie (Hrsg.) (2000, Juli). *Newsletter Entwicklungspsychologie 2/2000.* Zugriff am 20.Februar 2002 unter http://www.dgps.de/gruppen/fachgruppen/entwicklungs/NL2-00.PDF

Schummer, J. (2002, 08. Februar). *Newsletter „wissenschaftlicher-nachwuchs.de"*, Nr. 5. Zugriff am 25. Februar 2002 unter http://mailhost.rz.uni-karlsruhe.de/cgi-bin/wa?A2=ind0202&L=wn-news&O=A&F=&S=&P=63

Die Quellenangaben sollten so ausführlich wie möglich sein, damit die Quelle auch dann gefunden werden kann, wenn sich beispielsweise die URL (Uniform Resource Locator) geändert hat. Hierzu gehört nicht nur die Angabe der kompletten URL, sondern auch Angaben darüber, auf welcher Homepage, welcher Institution, Behörde oder Universität die entsprechende Seite zu finden ist.

Auch das Datum des Internetauszugs sollte immer mit angegeben werden. Auf Grund der Schnelllebigkeit des Mediums Internet sollte die Jahresangabe durch das Datum der Erstellung bzw. der Revision (der letzten Aktualisierung) der Seite ergänzt werden. Wenn möglich, sollte die URL direkt zum Dokument führen. Falls bei einem Artikel kein Autor angegeben ist, sollte die Literaturangabe mit der Nennung des Titels des Beitrags beginnen. Da es selten möglich ist, bei einer Internetquelle eine Seitenangabe zu machen, sollte nach Möglichkeit die Kapitelnummer, der Paragraf oder ein anderes Gliederungskriterium zum leichteren Auffinden der genauen Quelle gemacht werden.

Bei der Angabe der URL ist darauf zu achten, dass diese, wenn sie nicht in eine Zeile passt, nicht durch die Trennhilfe des Textbearbeitungsprogramms verändert wird. Ein manueller Zeilenumbruch sollte nur nach einem Schrägstrich (Slash) oder vor einem Punkt vorgenommen werden.

Abkürzungen

Tabelle 1:
Übersicht über gebräuchliche Abkürzungen im Literaturverzeichnis

Deutsch		**Englisch**	
Auflage	Aufl.	edition	ed.
zweite Auflage	2. Aufl.	second edition	2nd ed.
neu bearbeitete Auflage	neu bearb. Aufl.	revised edition	rev. ed.
Kapitel	Kap.	chapter	chap.
Herausgeber	Hrsg.	editor	Ed.
Herausgeber (plur.)	Hrsg.	editors	Eds.
Nummer	Nr.	number	no.
Seite	S.	page	p.
Seiten	S.	pages	pp.
Paragraf	§	paragraph	para.
Band	Bd.	volume	Vol.
Bände	Bde.	volumes	Vols.

Sortierung der Quellen

Alle Quellen sind alphabetisch und chronologisch zu sortieren. Zunächst werden die Publikationen des Autors ohne Koautoren chronologisch nach dem Erscheinungsjahr sortiert. Hat ein Autor in einem Jahr mehrere Veröffentlichungen gemacht, so sind diese im Literaturverzeichnis und im Text durch den Zusatz eines Kleinbuchstabens hinter der Jahreszahl zu differenzieren, z. B. *Meyer, C. (1990a)*.

Danach werden die Publikationen des Autors zusammen mit Koautoren alphabetisch und chronologisch sortiert. Im Gegensatz zum Text sind im Literaturverzeichnis alle Autoren eines zitierten Beitrags zu nennen.

Stellen Artikel und Präpositionen im Namen einen Teil des Namens dar, so stehen sie vor dem Namen, z. B. *deVries, K.* Im anderen Fall stehen sie hinter dem Vornamen, z. B. *Weizsäcker, C. F. von.*

2.2.5 Abbildungen und Tabellen

Abbildungen und Tabellen haben die Funktion, wichtige Ergebnisse in einer anschaulichen Form darzustellen. In der Regel ist es nicht sinnvoll, einen bestimmten Inhalt im Text sprachlich, durch eine Tabelle und eine Abbildung parallel darzustellen.

Es sollte jeweils entschieden werden, welche Darstellungsform die geeignetste ist. Tabellen haben in der Regel die Funktion, Informationen relativ erschöpfend darzustellen, während Abbildungen dafür sorgen sollen, dass die Informationen „ins Auge springen".

Abbildungen erhalten eine Unterschrift, Tabellen erhalten eine Überschrift. Diese sollten in der Regel so umfassend sein, dass der Leser nicht den Text lesen muss, um den Inhalt der Tabellen bzw. Abbildungen zu verstehen: Legenden müssen selbsterklärend sein.

Abbildungen und Tabellen sind unabhängig voneinander fortlaufend zu nummerieren. Hierbei ist der Gebrauch der automatischen Beschriftungsfunktion der Textbearbeitung sinnvoll.

Des Weiteren ist darauf zu achten, dass die Legende und die dazugehörige Abbildung, Tabelle oder Tabellenteile nicht durch einen Seitenumbruch auseinander gerissen werden.[3]

---

[3] Bei Microsoft© Word erreicht man dies im Allgemeinen dadurch, dass man die entsprechenden Absätze markiert und unter Format-Absatz-Textfluss die Option „Absätze nicht trennen" auswählt.

Beispiel für eine Abbildung mit Legende

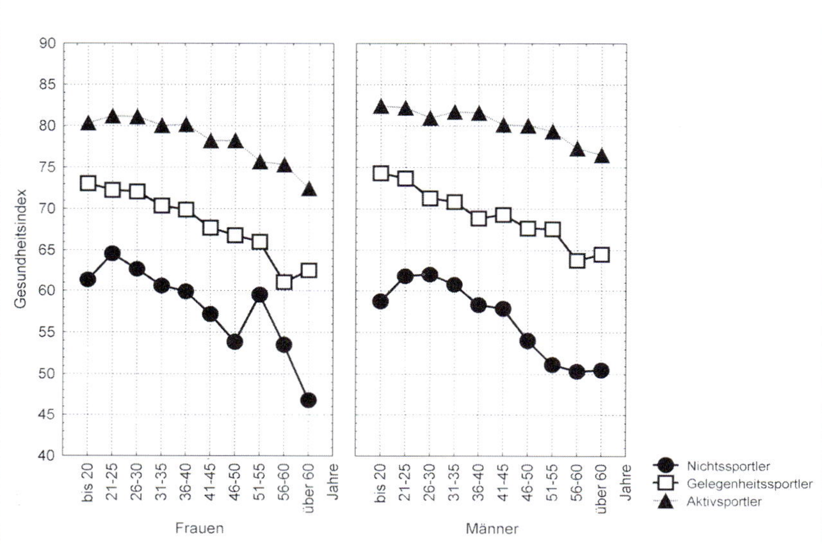

Abbildung 1: Gesundheitliche Beurteilung in Abhängigkeit von Lebensalter, Geschlecht und sportlicher Aktivität auf der Basis eines Onlinegesundheits- und Fitnesstests. (Wydra, 2002, 47)

!

Bei Abbildungen ist Folgendes zu beachten:

- Die Abbildungen sollten schwarz-weiß gestaltet werden. Obwohl heute die meisten Anwender über Farbdrucker verfügen, sollten die Abbildungen kopierfähig bleiben. Dies entspricht zudem dem Gebrauch in fast allen Zeitschriften und Büchern.

- Die Achsen sind hinreichend zu beschriften, d. h. neben der Bezeichnung der Achse sind die Dimensionen (Punkte, cm, kg) anzugeben.

- Symbole sollten so gewählt werden, dass verschiedene Gruppen gut zu unterscheiden sind.
- Auf Abbildungsüberschriften kann verzichtet werden.

Beispiel für eine Tabelle mit Legende

Tabelle 2: Veränderung der maximal tolerierten Dehnungsspannung (N) während eines Experiments zur Effektivität verschiedener singulärer Muskeldehnungen. Angabe der Mittelwerte (M) und Standardabweichungen (SD) der Parameter. T1 = Messung vor der Dehnung, T2 = Messung nach der Dehnung; n = 23 (nach Zahlen von Glück & Wydra, 1999, 25).

	Statische Dehnung		**Dynamische Dehnung**	
	M	SD	M	SD
Max. Dehnungsspannung T1 (N)	101.7	39.9	97.6	31.8
Max. Dehnungsspannung T2 (N)	119.2	38.7	120.9	44.9

!

Bei Tabellen ist Folgendes zu beachten:

- Eine kleinere Schrift ohne Serifen wählen (z. B. Arial oder Helvetica, Punkt 10).
- Zeilenabstand 1.0.
- Kopfzeile fett, Schattierung 15 %.

2.2.6 Fußnoten[4]

Anmerkungen, Ergänzungen, Querverweise, die nicht unmittelbar zum Text gehören, können als Fußnoten am Ende der Seite oder am Ende des Kapitels angebracht werden. Die Gestaltung und Verwaltung der Fußnoten wird von allen Textbearbeitungsprogrammen automatisch vorgenommen. Für die Fußnote kann ein kleinerer Schrifttyp und Zeilenabstand gewählt werden als für den laufenden Text.

2.2.7 Sprachliches

Bei der Manuskripterstellung sind auch sprachliche Aspekte zu beachten. Dies sind insbesondere die Rechtschreib- und Grammatikregeln sowie die allgemein gültigen Richtlinien für den Schriftsatz und das Maschineschreiben (Duden, 1996).

Die Duden-Redaktion unterhält einen speziellen Service, die Duden-Sprachberatung. Dort erhält man unter der Telefonnummer 01 90/87 00 98 direkt Auskunft zu den häufigsten Problemen.

Es ist selbstverständlich, dass ein Text hinsichtlich der Rechtschreibung überprüft worden ist. Da man selbst kaum eine Chance hat, alle Rechtschreibfehler zu finden, muss mindestens eine zweite Person den Text Korrektur lesen.

Eine Arbeit gewinnt nicht unbedingt dadurch an Wissenschaftlichkeit, dass ein Laie sie nicht mehr versteht. Im Gegenteil: Gerade durch einen leicht verständlichen Schreibstil bringt man zum Ausdruck, dass man über der Sache steht. Damit man eine Arbeit besser lesen kann, sollten bestimmte Stilmittel eingesetzt bzw. vermieden werden (Krämer, 1993):

- Aussagen kurz und prägnant formulieren.
- Einfache Satzkonstruktionen sind besser als lange Schachtelsätze. Wenn immer es möglich ist, sollte man versuchen, aus einem längeren Satz zwei oder drei Sätze zu machen.
- Genitivkonstruktionen vermeiden.

[4] Eine Fußnote wird bei Microsoft© Word über den Befehl „Einfügen/Fußnote“ eingegeben.

- Verben anstelle von Substantiven verwenden.
- Positivaussagen sind verständlicher als Negativaussagen.
- Aktivsätze sind lebendiger als Passivsätze.
- Bezüglich des Gebrauchs von Ich-, Wir- bzw. Manaussagen gehen die Meinungen auseinander (vgl. Bortz & Döring, 1995; Krämer, 1993).

  Eine alte akademische Tradition verlangt zwar immer noch die Weitergabe wissenschaftlicher Erkenntnis in der Leideform, aber das ist heute antiquiert. Im Hintergrund stand dabei die Vorstellung des Forschers quasi als passives Medium, durch den sich die Erkenntnis offenbart: Der Wissenschaftler als erleuchteter Prophet, der nur weitergibt und nicht selbst schafft. So funktioniert Wissenschaft i. a. aber nicht. Sie wird nämlich nicht passiv erduldet, sondern aktiv gemacht. Der Schöpfer Ihrer Abschlußarbeit sind Sie selbst und nicht der Heilige Geist. Warum also dieser Eiertanz? Das Wort „Ich" ist entgegen einem verbreiteten Vorurteil auch in der Wissenschaft (in Maßen) durchaus erlaubt. (Krämer, 1993, S. 99)[5]

Ich bin der Ansicht, dass mit Ich- und Wiraussagen in einem wissenschaftlichen Manuskript sparsam umgegangen werden sollte. Lediglich wenn eine absolut persönliche Meinung – wie in dem vorhergehenden Satz – zum Ausdruck gebracht werden soll, kann dies in Form einer Ichaussage erfolgen. Ansonsten sollte der Schreibende von sich in der dritten Person als Autor oder Verfasser sprechen.

Vor allem in jüngeren Publikationen findet sich immer häufiger eine nicht mehr so restriktive Anwendung dieser informellen Regel. Insbesondere, wenn ein Manuskript für eine Publikation vorgesehen ist, sollte man sich nach den Gepflogenheiten bei der entsprechenden Zeitschrift erkundigen. So wird bei medizinischen Publikationen eher restriktiv vorgegangen, während in psychologischen Organen mehr das Gegenteil beobachtet werden kann.

[5] Das Wort Abschlussarbeit wurde in diesem Fall, da es sich um ein Zitat handelt, nicht an die neue Rechtschreibung angepasst.

2.2.8 Schriftsatz

Bei der Manuskripterstellung werden immer wieder die gleichen Fehler hinsichtlich des Schriftsatzes gemacht. Die wichtigsten Richtlinien werden im Folgenden kurz aufgelistet (Deutsche Gesellschaft für Psychologie, 1997; DIN Deutsches Institut für Normung, 2001; Duden, 1996, S. 65 - 78). Bei Widersprüchen zwischen den Vorgaben für die Deutsche Rechtschreibung und den APA-Regeln – z. B. Trennung von Dezimalstellen – erfolgte eine Orientierung an den APA-Regeln.

- **Abkürzungen:** Nach Abkürzungen erfolgt ein Leerschritt. Dies gilt auch für Wörter, die jeweils mit einem Punkt abgekürzt sind: *z. B.; u. a. m.* Am Anfang eines Satzes sollten keine Abkürzungen stehen. Nach Abkürzungen am Ende eines Satzes steht kein zusätzlicher Punkt: *etc.*

- **Bindestrich:** Der Bindestrich als Ergänzungsstrich steht unmittelbar vor oder nach dem zugehörigen Wort. Das Gleiche gilt für Kopplungen oder Aneinanderreihungen: *40-prozentig; 12-jährig; Hals-Nase-Ohren-Arzt.* Aber: *3fach, der 68er, 5%ig.*

  Als Zeichen für „bis" bzw. für „gegen" wird der Bindestrich mit Leertasten gesetzt: Seite 10 - 20; FC Bayern – 1. FC Kaiserslautern.

- **Gedankenstrich:** Der Gedankenstrich ist länger als der Bindestrich. Er wird mit der Tastenkombination **Alt 0150** eingegeben: *Die Einhaltung formaler Regeln – manche mögen das anders sehen – ist Bestandteil wissenschaftlichen Arbeitens.*

- **Geschützter Leerschritt:** Oftmals muss zwischen zwei Zeichen, die zusammengehören – z. B. zwischen einer Zahl und dem Prozentzeichen – eine Leertaste eingefügt werden. Dadurch ergibt sich manchmal ein unschöner Zeilenumbruch, d. h. die Zahl steht in der ersten Zeile und das Prozentzeichen in der darauf folgenden Zeile. In diesem Fall kann man anstelle des normalen Leerschritts einen so genannten *geschützten Leerschritt*[6] einfügen, der dafür sorgt, dass die Zahl und das Prozentzeichen immer in derselben Zeile stehen.

- **Gradzeichen:** Das Winkelzeichen wird direkt an die zugehörige Zahl angehängt: *36°*. Aber: *36 °C*.

- **Klammern:** Eine Klammer umschließt die eingeklammerten Begriffe ohne Leerschritte. Vor und nach der Klammer jedoch werden Leerschritte eingefügt.

- **Prozent- und Einheitszeichen:** Prozent- und Einheitszeichen werden durch einen Leerschritt von der zugehörigen Zahl getrennt: *14 %; 25 €; 80 kg*.
  Dies gilt nicht für Ableitungen: *50%ig*.

- **Satzzeichen:** Punkt, Komma, Semikolon etc. werden ohne Leerschritt an das vorhergehende Wort angehängt. Das nächste Wort folgt nach einem Leerschritt.

- **Seitenzählung und Paginierung:** Jede Seite eines Manuskripts zählt, aber nicht jede Seite bekommt eine Nummer (wird paginiert). Die Seitenzählung beginnt bei ungebundenen Manuskripten – z. B. Seminararbeiten – beim Titelblatt und bei gebundenen Schriften – z. B. Diplomarbeiten – bei der inneren Titelei. Sie endet bei der letzten Seite des Sachverzeichnisses bzw. Anhangs.

  Das Titelblatt, Inhalts-, Abbildungs-, Tabellen- und Abkürzungsverzeichnis und eventuelle Vorworte und Präambeln eines Textes bleiben in der Regel (siehe unten) ohne Paginierung. Diese Seiten werden aber mitgezählt. Paginiert werden die Seiten ab der ersten Seite des Textes.[7]
  Die Paginierung des Textes beginnt, wenn lediglich das Titelblatt und ein einseitiges Inhaltsverzeichnis vorangestellt

[6] Bei Microsoft© Word wird der geschützte Leerschritt durch das gleichzeitige Drücken der Tasten Strg, der Taste für die Groß- und Kleinschreibung und der Leertaste erreicht.

[7] Bei Microsoft© Word wird die Paginierung über den Befehl „Einfügen/Seitenzahlen" in die Kopf- oder Fußzeile eingegeben. Hierbei kann auch der Beginn der Nummerierung festgelegt werden.

werden, mit der arabischen Ziffer „3". Dies ist z. B. bei Seminararbeiten in der Regel der Fall. Werden dem Text mehr Seiten vorangestellt, beginnt die Paginierung mit einer entsprechend höheren arabischen Ziffer.

Bei Büchern werden die innere Titelei, das Inhaltsverzeichnis und der Beginn des Textes, aber auch am Ende des Manuskripts das Sach- und Autorenverzeichnis sowie der Anhang immer auf eine rechte und damit ungerade Seitenzahl gelegt. Zuweilen wird prinzipiell jedes neue Kapitel auf eine neue ungerade Seite gelegt. Dadurch können Leerseiten entstehen. Nummeriert (paginiert) wird ein Buch ab der ersten Seite des Haupttextes mit arabischen Ziffern. Diese Ziffer ist eine ungerade. Da mindestens die Titelei (Seite 1) und das Inhaltsverzeichnis (Seite 3) vorangestellt werden, beginnt die Paginierung dann mit der arabischen Ziffer „5" oder einer höheren ungeraden Ziffer.

Ohne Paginierung bleiben das Titelblatt, Inhalts-, Abkürzungs-, Abbildungs- und Tabellenverzeichnis und eventuelle Vorworte und Präambeln eines Textes.

Bei Büchern, aber auch umfangreichen Diplomarbeiten und Dissertationen, bei denen dem eigentlichen Text sehr viele Seiten für die verschiedenen Verzeichnisse und Vorbemerkungen vorangestellt werden, können diese Seiten auch mit römischen Ziffern paginiert werden (siehe Bortz & Döring, 1995; Krämer, 1993). Die Paginierung des Textes beginnt dann mit der arabischen Ziffer „1".

- **Zahlen:** Zahlen bis neun werden durch Wörter und Zahlen ab 10 durch arabische Zahlen dargestellt. In Kombination werden sie jedoch einheitlich dargestellt: *5 - 25 %*. Zahlen, die einer Maßangabe vorangehen, werden immer als Ziffer geschrieben: *5 kg, 7 cm*. Anstelle des im Duden vorgesehenen Kommas werden Dezimalstellen durch einen Punkt abgetrennt (siehe Tabelle 2, S. 27): *5.25 cm*.

2.2.9 Layout der Arbeit

Durch die modernen Textbearbeitungsprogramme ergeben sich eine Reihe von Gestaltungsmöglichkeiten, die sich positiv auf die Lesbarkeit der Arbeit auswirken können. Dies ist sehr wichtig, denn es geht, wie bei jedem Produkt, nicht nur darum, dass das Produkt inhaltlich gut ist, sondern auch darum, dass es „verkauft", in diesem Fall vom Leser wohlwollend aufgenommen wird. Nichts ist störender als ein schlecht lesbarer Text, weil die gewählten Schriften und der Zeilenabstand zu klein sind.

Die Lesbarkeit einer Arbeit wird auch durch das Seitenlayout bestimmt. Die oberen, unteren und seitlichen Ränder des Kerntextes sollten mindestens 2.5 cm betragen. Wenn die Arbeit gebunden wird, empfiehlt es sich, einen Rand von mehr als 3 cm einzuplanen. In der Kopfzeile der Arbeit können Angaben über den Titel der Arbeit oder das jeweilige Kapitel gemacht werden. Unabdingbar ist die Angabe der Seitenzahl in der Kopfzeile oder am unteren Rand der Seite. Kopf- und Fußzeilen sollten ca. 1 - 1.5 cm vom Rand entfernt sein.

Der Zeilenabstand sollte in Abhängigkeit von der Schriftart und -größe so gewählt werden, dass ein ermüdungsfreies Lesen gewährleistet ist. Im Allgemeinen ist ein Zeilenabstand von 1.2 - 1.5 cm genau richtig. Bei der hier gewählten Schriftart *Times New Roman* und einer Schriftgröße von 12 Pt führt ein Zeilenabstand von 1.2 cm zu einem gut lesbaren Ergebnis (vgl. Tabelle 3, Seite 62 - 63). In der Regel reichen für eine wissenschaftliche Arbeit zwei verschiedene Schriftarten und 3 - 4 verschiedene Schriftgrößen vollkommen aus (vgl. Tabelle 3, Seite 62 - 63).

Durch die Textbearbeitung ist es auch kein Problem, einen Text zweispaltig anzulegen. Dadurch werden die einzelnen Zeilen nicht zu lang und dem Auge fällt es leichter, an den Anfang der nächsten Zeile zurückzuspringen. Es gibt keinen Grund, dies bei einer Seminar- oder Diplomarbeit nicht zu tun. Bevor jedoch das Layout des Textes getrimmt wird, sollten inhaltliche Aspekte optimiert werden!

Für Seminar- und Examensarbeiten hat der Autor verschiedene Druckformatvorlagen entwickelt (siehe Kapitel 4). Diese erleichtern die Anfertigung entsprechender Arbeiten, weil Fragen des Layouts, der Gliederung, der Gestaltung des Titelblatts etc. in der Druckvorlage bereits gelöst sind.

2.3 Aufbau einer empirischen Arbeit

Die noch junge Disziplin Sportwissenschaft hat in den drei Jahrzehnten ihres Bestehens einen Paradigmenwechsel erlebt. Standen früher in der Theorie der Leibeserziehung hermeneutische Arbeiten im Vordergrund, so dominieren heute immer mehr empirische Arbeiten (Bös, Hänsel & Schott, 2000). Dies bedeutet nicht, dass empirische Arbeiten als wissenschaftlich wertvoller zu bewerten sind. Es handelt sich lediglich um ein anderes methodisches Vorgehen im Prozess der Erkenntnisgewinnung. Auch ist zu berücksichtigen, dass jede empirische Arbeit hermeneutisches Arbeiten beinhaltet: In der Theoriephase muss sich jeder empirisch arbeitende Wissenschaftler sehr intensiv dem Literaturstudium widmen, um die relevanten Fragestellungen für seine Untersuchungen herausarbeiten zu können.

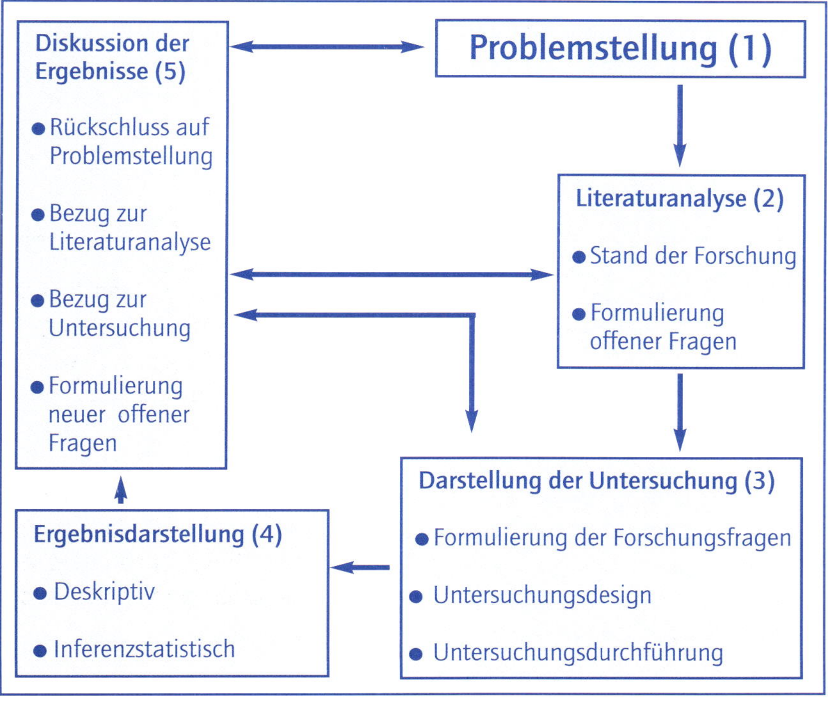

Abbildung 2: Ablaufschema zur Erstellung empirischer Arbeiten

Und letztendlich werden die Ergebnisse empirischer Arbeiten im Rahmen der Diskussion mit den denen der Literatur verglichen (siehe hierzu Abbildung 2).

Gliederung einer empirischen Arbeit[8]

1	Einleitung
2	Theoretische Aufarbeitung des Problemfeldes
3	Darstellung der empirischen Untersuchung
3.1	Fragestellung und Arbeitshypothesen
3.2	Untersuchungsmethodik
3.2.1	Personenstichprobe
3.2.2	Variablenstichprobe
3.2.3	Treatmentstichprobe
3.2.4	Ablauf der Untersuchung
3.3	Statistische Hypothesen
3.4	Statistik
4	Ergebnisse
5	Diskussion
6	Zusammenfassung und Ausblick
	Literaturverzeichnis

Bei der Darstellung einer empirischen Arbeit gilt es, die Problemstellung, das methodische Vorgehen bei der Analyse und der Untersuchung der Fragestellung, die Ergebnisdarstellung und die Ergebnisdiskussion so darzustellen, dass der uneingeweihte Leser das Anliegen der Arbeit versteht: „Die Arbeit muss verkauft werden!"

Die Transparenz wird unter anderem durch eine klare Gliederung, Kapiteleinleitungen – Was erwartet den Leser, wenn er weiterliest? – und Kapitelzusammenfassungen (Was stand in diesem Kapitel?) sowie Ablaufschemata erreicht. Im Allgemeinen ergibt sich bei einer empirischen Arbeit ein festes Gliederungsschema.

[8] Diese Gliederung liegt auch der Druckformatvorlage für Diplom- und Exsamensarbeiten zu Grunde. Diese ist erhältlich unter der URL: http://www.uni-saarland.de/fak5/sportpaed/

2.3.1 Einleitung und Problemstellung

In diesem Kapitel sollte dem Leser auf ca. ein bis drei Seiten verdeutlicht werden, welche wissenschaftliche Problemstellung hinter der Arbeit steht und wie die Hauptfragestellung angegangen wird. Vor allem der uneingeweihte Leser sollte nach dem Lesen der Einleitung wissen, um was es geht. Ob dieses Anliegen erreicht wird, kann überprüft werden, indem man den Text jemanden zu lesen gibt, der mit der Thematik nicht vertraut ist.

2.3.2 Theoretische Bearbeitung des Problemfeldes

Hier sollte die relevante wissenschaftliche Literatur im Hinblick auf die Problemstellung aufgearbeitet werden. Es gilt zu beweisen, dass man sich intensiv mit der Materie auseinander gesetzt hat. Es reicht nicht aus, sich auf die allgemeinen Lehrbücher der Sportwissenschaft zu beschränken. Insbesondere bei Diplomarbeiten wird eine Literaturrecherche als selbstverständlich vorausgesetzt. Auch fremdsprachige Literatur sollte bei den meisten sportwissenschaftlichen Themen mit berücksichtigt werden.

Es sollten die wichtigsten Theorien und Untersuchungen zu der formulierten Problemstellung vorgestellt werden. In der Regel können auf der Basis der aufgearbeiteten Literatur offene Fragen formuliert werden. Diese offenen Fragen leiten zur Darstellung der empirischen Untersuchung über.

2.3.3 Darstellung der empirischen Untersuchung

Eine empirische Untersuchung muss so dargestellt werden, dass sie von jedem interessierten Wissenschaftler nachvollzogen und repliziert werden kann. Im Einzelnen sind hierbei folgende Punkte in der folgenden Reihenfolge darzustellen.

Fragestellung und Arbeitshypothesen

Die aus der Problemstellung und der Aufarbeitung der Literatur resultierenden Fragen sollten explizit formuliert werden. Des Weiteren sollten

Arbeitshypothesen aufgestellt werden. Die Arbeitshypothesen sollten in Begriffen der Theorie formuliert werden und einen relativ hohen Allgemeinheitsgrad aufweisen. Die Fragestellungen und Arbeitshypothesen und später die operationalisierten Hypothesen sollten durchnummeriert werden. Diese Nummerierung ist bis hin zur Ergebnisdarstellung und Diskussion beizubehalten.

Untersuchungsmethodik

Bei der Darstellung der Untersuchungsmethodik müssen folgende Gesichtspunkte für jeden nachvollziehbar dargestellt werden:

- **Personenstichprobe:** Welche Probanden (Pbn.) wurden für die Untersuchung ausgesucht? Angabe der Mittelwerte und Standardabweichungen von Alter, Größe, Gewicht etc. Wie wurden die Pbn. für die Untersuchung ausgewählt? Wie wurden diese bei Experimenten den Versuchs- und Kontrollgruppen zugeordnet?

- **Variablenstichprobe (abhängige Variable):** Welche abhängigen Variablen werden mit welchen Untersuchungsmethoden erfasst? Beschreibung der Testübungen oder sonstigen Erfassungsinstrumentarien, Angabe von theoretischem Hintergrund, Gütekriterien etc.

- **Treatmentstichprobe (unabhängige Variable):** Dieser Gliederungspunkt kommt nur bei experimentellen Arbeiten vor. Falls verschiedene Versuchsbedingungen vorliegen, sollte klar dargestellt werden, was die Versuchsgruppen gemacht haben. Bei Versuchs-Kontrollgruppen-Experimenten muss dargestellt werden, wie sich Versuchs- und Kontrollgruppen unterscheiden.

- **Ablauf der Untersuchung:** Der zeitliche Ablauf der gesamten Untersuchung sollte nach Möglichkeit grafisch dargestellt werden. Wann wurde welche Gruppe mit welchen Treatments konfrontiert und wann wurden die Untersuchungen durchgeführt?

- **Formulierung von Hypothesen in operationalisierten Begriffen (statistische Hypothesen):**
  Die Arbeitshypothesen werden operationalisiert, d. h. unter Angabe von Personen-, Variablen- und Treatmentstichprobe werden statistisch berechenbare Hypothesen aufgestellt. Auch hier ist wiederum darauf zu achten, dass die Hypothesen durchnummeriert werden.

- **Statistik:** Angabe der angewandten statistischen Prozeduren (z. B. Wilcoxon-Test, t-Test für unabhängige Stichproben) und Rechenprogramme (z. B. Statistica Version 5.5).

2.3.4 Ergebnisdarstellung

Die Ergebnisse werden in Bezug zu den Hypothesen dargestellt. Es kommt dabei nicht darauf an, alle Ergebnisse darzustellen, sondern die wichtigsten.

Zunächst sollten die Ergebnisse der deskriptiven Statistik möglichst erschöpfend in Tabellenform dargestellt werden. Erst danach sollten die Ergebnisse der Inferenzstatistik folgen. Hierbei soll versucht werden, sowohl Tabellen als auch Abbildungen in einem sinnvollen Wechsel einzusetzen (vgl. Kapitel 2.2.5).

2.3.5 Diskussion der Ergebnisse

Die Ergebnisse sollten immer, sofern dies möglich ist, im Vergleich mit vorliegenden Ergebnissen aus der Literatur diskutiert werden. Hierbei muss wiederum der Bezug zu den Hypothesen hergestellt werden. Weiterhin muss geklärt werden, ob die aufgestellten Hypothesen angenommen oder verworfen werden.

2.3.6 Zusammenfassung und Ausblick

Abschließend sollte auf ca. drei Seiten das Hauptergebnis der Arbeit zusammengefasst, ungeklärte Fragen formuliert und mögliche methodische Wege zur Klärung der offenen Fragen andiskutiert werden.

2.3.7 Literaturverzeichnis

Das Literaturverzeichnis muss sämtliche im Text angegebenen Quellen berücksichtigen – aber auch nur diese! Auch die Sekundärquellen sind entsprechend den hier vorgestellten Standards (vgl. Kapitel 2.2.4) anzugeben!

2.3.8 Titelblatt und Verzeichnisse

Das Titelblatt sollte wie die bibliografischen Angaben des Literaturverzeichnisses folgende Informationen in der folgenden Reihenfolge beinhalten:

Autor, Titel der Arbeit, Art der Arbeit (Seminar-, Diplomarbeit oder Dissertation), Kontext der Arbeit (Bezeichnung des Seminars oder der angestrebten Prüfung), Name des Betreuers oder Gutachters der Arbeit bzw. des Seminarleiters, Name der Institution, Ort der Institution sowie Zeitpunkt der Fertigstellung. Die Beschriftung des Titelblatts sollte sowohl horizontal als auch vertikal zentriert werden. Beispiele für die Gestaltung eines Titelblatts für eine Seminar- bzw. eine Diplomarbeit werden im Anhang gegeben.

Inhalts-, Abbildungs- und Tabellenverzeichnisse dienen der Übersichtlichkeit und sollten deshalb entsprechend gestaltet und dem Text vorangestellt werden (siehe Inhaltsverzeichnis dieses Ratgebers).

Werden die Möglichkeiten der Textbearbeitung genutzt, kann die Erstellung dieser Verzeichnisse automatisch durchgeführt werden (siehe Kapitel 4). Damit eine Überschrift automatisch in das Inhaltsverzeichnis kommt, muss das Textbearbeitungsprogramm die entsprechende Kapitelüberschrift als Überschrift erkennen. Man sollte deshalb mit Absatzformatvorlagen arbeiten. Das Gleiche gilt für die Beschriftung einer Abbildung oder Tabelle.

2.4 Bewertung eines Manuskripts

Die Bewertung einer wissenschaftlichen Arbeit sollte die Qualität des Endprodukts zum Ausdruck bringen. Die Bewertung ist dabei sowohl von rein wissenschaftlichen Gesichtspunkten als auch von eher formalen Aspekten[9] abhängig. Im Einzelnen werden folgende Kriterien für die Bewertung herangezogen.

- **Aufbau der Arbeit**
  Übersichtlichkeit
  Einleitungen und Kapitelzusammenfassungen
  Transparenz der Problematik

- **Aufarbeitung der Theorie**
  Aufarbeitung der relevanten, auch internationalen Literatur
  Herausarbeitung der zentralen Fragestellungen aus der Theorie

- **Darstellung der Untersuchung**
  Formulierung der Fragestellung
  Darstellung der angewandten Methoden
  Darstellung des Untersuchungsablaufs
  Formulierung der Hypothesen in Begriffen der Theorie

- **Ergebnisdarstellung**
  Güte der statistischen Aufbereitung des Zahlenmaterials
  Tabellarische Darstellung der Ergebnisse
  Qualität der Abbildungen

- **Diskussion der Ergebnisse**
  Diskussion in Bezug zu den Hypothesen
  Bezug zur Literaturanalyse
  Bezug zur Methodik
  Rückschluss auf Problemstellung
  Formulierung von offenen Fragen

- **Formale Gesichtspunkte**
  Rechtschreibung
  Sprachliche Formulierung
  Beschriftung und Darstellung von Abbildungen und Tabellen
  Einhaltung der Zitationsregeln
  Vollständigkeit des Literaturverzeichnisses

[9] Prinzipiell gilt, dass eine Arbeit, die den formalen Standards nicht genügt, als Qualifikationsarbeit nicht angenommen werden kann.

3

DAS MÜNDLICHE REFERAT

Das folgende Kapitel geht auf die Gestaltung eines mündlichen Referats ein. Nach allgemeinen Vorbemerkungen zu Grundsätzen der Rhetorik werden im zweiten Unterkapitel die Elemente eines Vortrags dargestellt. Im dritten Unterkapitel werden Tipps für die Gestaltung von Präsentationsvorlagen gegeben. Abgeschlossen wird das Kapitel mit Kriterien zur Bewertung eines Vortrags.

3.1 Allgemeines

Mehr noch als beim schriftlichen Referat gilt beim mündlichen Referat, dass die Arbeit an die Frau und den Mann gebracht werden muss. Die Information muss so dargeboten werden, dass der Zuhörer alle relevanten Inhalte mitbekommt. Beim schriftlichen Referat kann der Leser schwerer verständliche Sätze mehrfach durchlesen und er kann bei Abbildungen und Tabellen verweilen, um sie besser zu verstehen. Beim mündlichen Referat bestehen diese Möglichkeiten nicht.

Die Informationsmenge, die in einer bestimmten Zeiteinheit aufgenommen werden kann, ist beschränkt. Auch ist fast kein Mensch in der Lage, mehr als 20 Minuten hochkonzentriert zuzuhören. Dies bedeutet, dass ein mündliches Referat anders dargeboten werden muss als ein schriftliches Referat. Hierbei ist Folgendes zu beachten:

- Das Wichtigste eines Textes herausarbeiten und vom weniger Wichtigen trennen.

- Wichtige Informationen – wie bei der Werbung – wiederholen, damit sie im Gedächtnis haften bleiben.

- Wichtig für das Behalten eines Inhalts ist auch die Struktur eines Textes: Den Vortrag klar strukturieren und die Strukturierung offen legen.

- Das Relevante eines Textes ist so zu präsentieren, dass mehrere Informationskanäle für die Informationsübermittlung benutzt werden. Medien in Form von Folien, Dias, Bildschirmpräsentationen, Filmen und Tonträgern sorgen für Abwechslung und bieten die Möglichkeit, das gesprochene Wort über einen zweiten Informationskanal zu unterstützen.

- Die Möglichkeiten der nonverbalen Kommunikation nutzen, indem man seinen Worten über die Stimme Nachdruck verleiht und bewusst den Blickkontakt mit den Zuhörern sucht.

- Die Persönlichkeit mit einbringen: Beim Vortrag hat man den direkten Kontakt zu den Zuhörern, man kann sich mit seinen menschlichen Stärken und Schwächen präsentieren, man kann direkt über den Vortrag diskutieren etc.

Von Martin Luther stammt angeblich folgender Ausspruch, der nach wie vor als Grundsatz der Rhetorik angesehen werden kann. Er bringt das Wichtigste, das bei einem Vortrag zu beachten ist, auf den Punkt:

„Tritt fest auf, mach's Maul auf und hör bald auf!"

- **Tritt fest auf:** Wer glaubhaft eine Botschaft überbringen will, muss dies auch mit der nötigen Überzeugungskraft und Entschlossenheit tun. Nur, wer selbst von seinen Worten überzeugt ist, kann auch die Zuhörer von seinen Thesen überzeugen. Dies gilt nicht nur für die Politik, sondern auch für die Wissenschaft.

- **Mach's Maul auf:** Manchen Menschen ist die Rhetorik in die Wiege gelegt worden. Die meisten Menschen jedoch müssen daran arbeiten. Jeder sollte sich einmal selbst anhören: Mit einem Kassetten- bzw. einem Videorekorder ist dies kein Problem.

- **Hör bald auf:** Nichts ist für einen Zuhörer schlimmer als ein nicht enden wollender Vortrag. Schon Martin Luther kannte die einschläfernde Wirkung langer Worte. Deshalb sollte die Redezeit niemals überschritten werden. Das Unterschreiten der Redezeit hingegen ist relativ bedeutungslos.

3.2 Elemente eines Vortrags

3.2.1 Den Zuhörer an das Thema heranführen

Bei jedem Vortrag, insbesondere im Rahmen von universitären Lehrveranstaltungen, müssen die Zuhörer zuerst an das Thema herangeführt werden. Jeder Zuhörer braucht zunächst einmal Zeit zum Umschalten, zum Orientieren und Konzentrieren. Dieser Prozess dauert mindestens 2 - 3 Minuten. Erst danach werden relevante Informationen aufgenommen.

Die Zuhörer müssen dort abgeholt werden, wo sie stehen. Deshalb sind Beispiele aus der Lebenswelt der Zuhörer hilfreich, um die Verbindung zwischen Redner und Zuhörer herzustellen. Die Zuhörer müssen wissen, um was es in diesem Vortrag geht, und warum sie sich die Mühe machen sollten, sich diesen Vortrag überhaupt anzuhören.

Schon bei der Planung eines Vortrags muss sich der Vortragende Gedanken um die Adressatengruppe machen. Ein und dasselbe Thema muss in Abhängigkeit von der Vorerfahrung und Ausbildung der Zuhörer vollkommen unterschiedlich angepackt werden. Ein Vortrag bei der Volkshochschule muss zwangsläufig inhaltlich anders aufgebaut sein als ein Vortrag auf der universitären Ebene. Die Didaktik/Methodik des Vortrags unterscheidet sich hingegen kaum. Die hier dargestellten Grundsätze gelten für fast alle Zuhörergruppen (Vester, 1996).

3.2.2 Übersicht herstellen

Genauso wie beim schriftlichen Referat ist eine klare Struktur wichtig für die Informationsaufnahme. Der rote Faden muss immer sichtbar sein. Eine klare Gliederung, die immer wieder präsentiert wird, erleichtert die Orientierung. Die Gliederung eines Vortrags sollte zu Beginn sowie am Ende jedes Kapitels und vor jedem neuen Kapitel präsentiert werden. Am Ende jedes Abschnitts sollten die relevanten Aussagen zusammengefasst werden. Und vor Beginn jedes neuen Kapitels sollte kurz dargestellt werden, worüber im Folgenden gesprochen wird.

3.2.3 Den Zuhörer ansprechen und anschauen

Das Gesprochene muss die Zuhörer nach Möglichkeit persönlich ansprechen. Im Gegensatz zum schriftlichen Referat sind Ich-, Wir- und Manaussagen durchaus statthaft. Wer einen Zuhörer ansprechen möchte, darf sich nicht nur auf die Wirkung des akustischen Kanals verlassen. Ansprechen bedeutet auch Anschauen: Jeder Redner sollte den Blickkontakt mit den Zuhörern suchen. Dies gilt insbesondere für wichtige Aussagen. Ein Redner sollte sich niemals von den Zuhörern abwenden, um beispielsweise eine Abbildung an der Wand zu erläutern.

Ein Referat sollte nach Möglichkeit frei gehalten werden. Viele, auch erfolgreiche Referenten hangeln sich an ihren Präsentationsfolien entlang. Wenn diese in ausreichender Zahl vorhanden sind, besteht keine Gefahr, dass man den roten Faden verliert. Andere wiederum haben gute Erfahrungen mit Karteikarten gemacht. Wenn es nicht möglich ist, ein Referat frei vorzutragen, dann muss der Text so vorbereitet werden, dass das Ablesen des Textes unproblematisch ist:

- Die Sätze kurz und knapp formulieren.
- Das Manuskript mit extra großen Typen schreiben.
- Betonte Textstellen im Manuskript unterstreichen.
- Die Pausen – zum Durchatmen – durch einen Zeilenumbruch im Text vorbereiten.
- Zwischen den Abschnitten einen größeren Zwischenraum freilassen.
- Eventuell grafische Zeichen benutzen, um eine Pause für einen Blickkontakt zu den Zuhörern einzubauen.

Ein gut verlesenes – nicht abgelesenes – Referat ist unter Umständen besser zu bewerten, als ein zwar frei, aber holprig vorgetragenes. Aber ausreichend viele und gut gestaltete Präsentationsvorlagen können ein Manuskript vollkommen ersetzen.

Beispiel für die Gestaltung eines Vortragsmanuskripts

Wenn wir die Zuhörer ***ansprechen*** wollen,
bedeutet dies, dass wir uns ***nicht nur*** auf die Wirkung
des gesprochenen Wortes verlassen sollten.

Ansprechen bedeutet auch Anschauen!

Man sollte ***immer den Blickkontakt*** suchen!

3.2.4 Die Kernaussagen transportieren und wiederholen

Sinn und Zweck eines Vortrags ist es, die relevanten Informationen zu transportieren und dafür zu sorgen, dass der Zuhörer auch nach Beendigung des Vortrags die Kernaussagen noch kennt. Welche Kernaussage hat der Vortrag?

Das bedeutet, dass das Wichtigste herausgearbeitet, vertieft und wiederholt dargestellt werden muss. Wichtiger als die Darstellung unendlich vieler einzelner Sachverhalte ist die wiederholte Vertiefung der Kernaussagen. Zur Verdeutlichung der Kernaussagen sollten diese durch Beispiele, Abbildungen und Tabellen illustriert werden. Neue Sachverhalte bleiben besser im Gedächtnis haften, wenn sie an bereits Bekanntem anknüpfen können (Vester, 1996). Auch die Kapitelzusammenfassungen sollten die Kernaussagen nochmals beinhalten.

Ebenso die abschließende Zusammenfassung am Ende des Referats.

3.2.5 Exakte Einhaltung der Redezeit

Die Redezeit ist unbedingt einzuhalten!

Ein Unterschreiten der zur Verfügung stehenden Zeit ist nicht so schlimm wie das Überschreiten der vorgesehenen Vortragszeit. Die Redezeit sollte nicht dem Zufall überlassen werden, sondern exakt geplant werden. Zwar hilft hier die Erfahrung, aber an einem Probevortrag mit Stoppuhr kommen in der Regel nur Meister vorbei. Im Rahmen des Probevortrags sollte protokolliert werden, wie viel Zeit für die einzelnen Kapitel gebraucht wird. Auch empfiehlt es sich, einen Probevortrag mit einer Videoanlage aufzunehmen und später genau zu analysieren.

3.3 Hinweise zur Gestaltung von Präsentationsvorlagen

Im Prinzip ist die Gestaltung von Präsentationsvorlagen ein Kinderspiel. Aber dennoch wird sehr oft – zu oft – gegen elementare Prinzipien verstoßen. Deshalb sollen die wichtigsten Grundsätze im Folgenden kurz dargestellt und an einigen Beispielen erläutert werden.

3.3.1 Zur Funktion von Medien

Medien haben im Rahmen eines Vortrags die Aufgabe, die Informationsübertragung zu unterstützen. Hierfür gibt es verschiedene Gründe:

- Nicht alle Menschen nehmen Informationen auf die gleiche Art und Weise auf. Manche kommen besser mit visuell dargebotenen Informationen, andere besser mit akustisch dargebotenen Informationen zurecht.
- Die Aufnahmefähigkeit über den akustischen Kanal ist sehr begrenzt.
- Die Kopplung akustisch dargebotener Informationen mit visuellen Informationen führt zu einer besseren Behaltensleistung.

Diesen Umständen kommt der Medieneinsatz entgegen. Insbesondere komplexe Sachverhalte können mit entsprechend übersichtlich gestalteten Abbildungen und Tabellen leichter vermittelt werden als nur durch die Sprache. Zu den komplexen Sachverhalten gehört sicherlich auch die Gliederung eines Vortrags. Ebenso können visualisierte Aufzählungen hilfreich sein, um dem Vergessen entgegenzuwirken.

Auch für den Vortragenden haben Präsentationsvorlagen eine große Bedeutung. Gute Präsentationsvorlagen dokumentieren, dass sich der Vortragende intensiv mit den Inhalten seines Vortrags beschäftigt hat. Sie sind unter Umständen ebenso hoch zu bewerten wie der Vortrag selbst. Während auf der Ebene eines universitären Seminars normale Schwarzweißfolien als Standard anzusehen sind, stellen auf der Ebene wissenschaftlicher Kongresse mittlerweile farbige, computergestützte Präsentationen, z. B. mit dem Programm Microsoft© Powerpoint, den Standard dar.

Der Vortragende hat über eine geglückte Präsentation zum einen die Möglichkeit der Außendarstellung. Weiterhin kann er Präsentationsvorlagen als roten Faden für seinen Vortrag benutzen. Genügend viele und entsprechend sortierte Präsentationsvorlagen erlauben es fast jedem, sich vom Manuskript zu lösen und den Vortrag relativ frei zu halten.

3.3.2 Formale Aspekte bei der Gestaltung von Präsentationsvorlagen

Im Rahmen dieses Ratgebers können nur die wichtigsten Hinweise für die Gestaltung von Folien, Dias etc. gegeben werden. Für den interessierten Leser stehen eine Reihe von weiterführenden Literaturquellen zur Verfügung (Will, 1994; Hartmann, Funk & Nietmann, 1995).

- Querformat ist Hochformat vorzuziehen: Bei der Projektion von Overheadfolien kommt es – außer, wenn geneigte Projektionsflächen zur Verfügung stehen – zu Verzerrungen im oberen und unteren Bereich der Darstellung. Nur der mittlere Teil der Folien kann an der Wand optimal abgebildet werden. Deshalb sind Folien im Querformat günstiger.

- Genügend große Ränder lassen: Auf einer A 4-Folie sollte nur so viel Raum beschrieben werden, wie ein A 5-Blatt einnimmt.

- Maximal sieben Zeilen Text auf eine Folie:
  Mehr ist auch nicht möglich, wenn folgende minimalen Schriftgrößen gewählt werden:
  Für Überschriften mindestens die Schriftgröße 28 wählen!
  Für sonstigen Text mindestens die Schriftgröße 22 wählen!

- Eine Schriftart ohne Serifen wählen: Arial oder Helvetica.

- Den Text über das Seitenlayout vertikal zentrieren.

Im Gegensatz zur Darstellung in einem Manuskript müssen Abbildungen und Tabellen bei einer Präsentation wesentlich übersichtlicher sein. Der größte Fehler, der bei einer Präsentationsvorlage gemacht werden kann, ist der, dass Texte, Abbildungen oder Tabellen aus Büchern unverändert für eine Overheadfolie benutzt werden.

- Farbe in den Vortrag bringen, indem auch die Folien farbig gestaltet werden. Im einfachsten Fall genügt es bereits, eine farbige Linie unter eine wichtige Aussage zu setzen. Bei einer Schwarzweißvorlage kann das Wichtigste durch eine Schattierung hervorgehoben werden.

- Abwechslung in die Vorlagen bringen, indem insbesondere für grafische Darstellungen unterschiedliche Darstellungsformen gewählt werden. Hier kann und sollte im Gegensatz zur Darstellung im Manuskript Farbe verwendet werden (siehe Seite 26).

- Ob eine Folie genügend groß gestaltet wurde und auch in der letzten Reihe eines Hörsaals noch gelesen werden kann, kann mit folgendem einfachen Test geprüft werden: Eine Vorlage sollte aus ca. 2.50 m Entfernung ohne Projektion gut zu lesen sein.

3.3.3 Beispiele für Präsentationsvorlagen

Richtig präsentieren

1 Die Zuhörer an die Problematik heranführen!
2 Die Kernaussage des Vortrags herausarbeiten!
2.1 Maximal drei Kernaussagen formulieren!
2.2 Die Kernaussagen visualisieren!
2.3 Den Bezug zur Problemstellung herausarbeiten!
3 Die Redezeit einhalten!

Abbildung 3: Beispiel einer Gliederung auf einer Präsentationsvorlage

Was bei einer Folie zu beachten ist

- ✗ Maximal sieben Zeilen!
- ✗ Für die Überschrift Schriftgröße > 28!
- ✗ Für den sonstigen Text Schriftgröße > 24!
- ✗ Querformat ist besser als Hochformat!
- ✗ Klare und übersichtliche Abbildungen!
- ✗ Vorlagen aus Büchern modifizieren!

Abbildung 4: Beispiel einer Auflistung auf einer Präsentationsvorlage

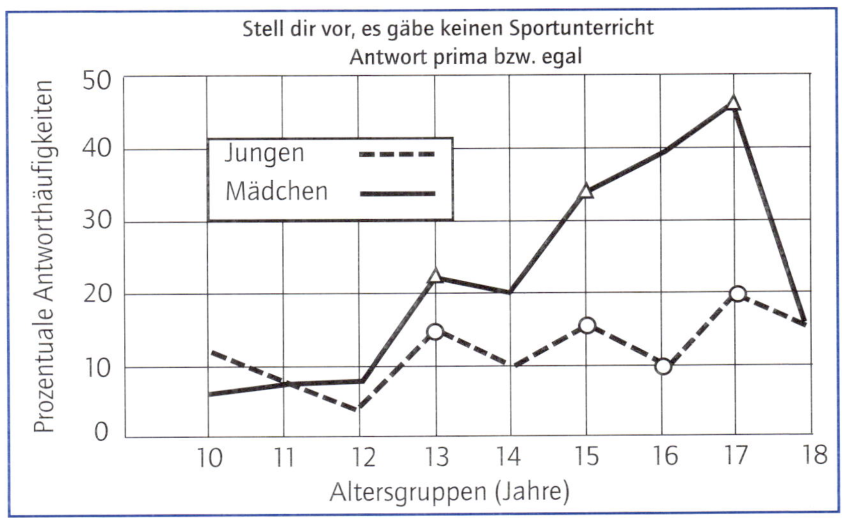

Abbildung 5: Darstellung einer übersichtlichen Abbildung für eine Präsentation. Die Erläuterungen zur Abbildung, die normalerweise in der Legende stehen, werden mündlich gegeben.

Lieblingssportarten von Mädchen und Jungen		
	Jungen	**Mädchen**
Inlineskating	15 %	80 %
Schwimmen	71 %	72 %
Fußball	78 %	72 %
Badminton	61 %	70 %
Gymnastik	9 %	65 %
Tanzen	3 %	58 %

Abbildung 6: Darstellung einer übersichtlichen Tabelle für eine Präsentation. Die Erläuterungen zur Tabelle, die normalerweise in der Legende stehen, werden mündlich gegeben.

3.4 Bewertung eines mündlichen Referats

Die Bewertung eines mündlichen Referats sollte die Qualität des Endprodukts zum Ausdruck bringen. Die Bewertung ist dabei sowohl von rein wissenschaftlichen Gesichtspunkten als auch von eher formalen und didaktisch-methodischen Aspekten abhängig.

Im Einzelnen können folgende Kriterien für die Bewertung herangezogen werden. Für eine Groborientierung können diese dichotom bewertet und zu einem Summenscore zusammengefasst werden, d. h., aus der Summe der zufrieden stellend bearbeiteten Punkte ergibt sich die Gesamtpunktzahl.

- **Aufbau des Referats**
  Einleitung
  Gliederung
  Übersichtsfolien
  Kapiteleinleitungen
  Kapitelzusammenfassungen
  Abschließende Zusammenfassung

- **Bearbeitung des Problems**
  Aufarbeitung der relevanten Literatur
  Herausarbeitung der relevanten Informationen
  Vernachlässigung irrelevanter Informationen
  Wissenschaftlichkeit

- **Formale Gesichtspunkte**
  Einhalten der Vortragszeit
  Qualität der Folien
  Ausreichende Anzahl von Folien
  Sprachliche Formulierung
  Persönliche Ansprache der Zuhörer

4

HINWEISE ZUR ARBEIT MIT DER TEXTBEARBEITUNG

4.1 Zum Gebrauch von Dokumentvorlagen

Druckformatvorlagen erleichtern die Arbeit mit Textbearbeitungsprogrammen. Man sollte deshalb immer davon Gebrauch machen. Briefe an bestimmte Institutionen, Protokolle, Seminararbeiten etc. sind typische Texte, bei denen es sich lohnt, mit einer Formatvorlage zu arbeiten.

Immer, wenn man z. B. mit dem Textbearbeitungsprogramm Microsoft© Word eine neue Datei bearbeiten will, wird man vom Programm gefragt, was man machen will und bekommt entsprechend eine bestimmte Vorlage angeboten (vgl. Abbildung 7).

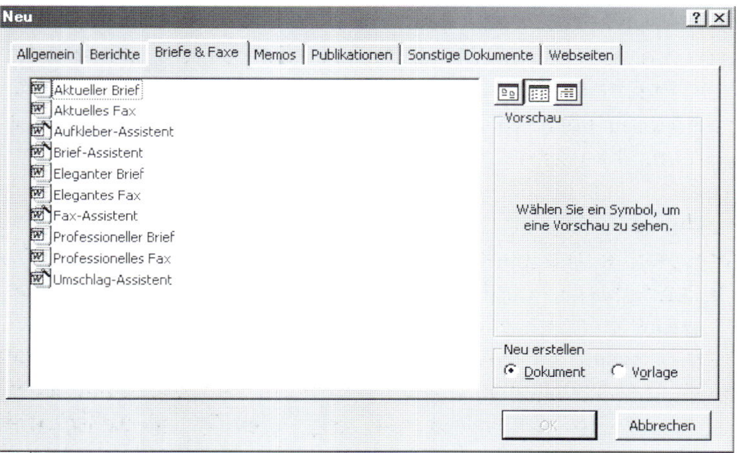

Abbildung 7: Dialogfeld beim Anlegen eines neuen Dokuments. Hier kann die entsprechende Dateivorlage gewählt werden.

Bei einer Formatvorlage sind bestimmte Einstellungen vorgegeben:

- Das Seitenlayout mit den Einstellungen für das Papierformat, die Seitenränder und der Platz für eine Kopf- bzw. Fußzeile.

- Die Schriftarten, die Schriftgrößen und die Schriftschnitte (normal, fett oder kursiv) für bestimmte Absätze.
- Der Abstand eines Absatzes zum vorhergehenden bzw. nachfolgenden Absatz und der Zeilenabstand.
- Ob ein Absatz links- oder rechtsbündig, zentriert oder im Blocksatz geschrieben wird.
- Ob ein Absatz eingerückt oder hängend geschrieben wird etc.

Eine Vorlage kann auch Textbausteine, die immer wieder gebraucht werden, beinhalten. Bei einem Brief sind der Absender, das Feld für den Empfänger oder die Anrede immer gleich. Das Gleiche gilt für Seminararbeiten: Titelblatt, Inhalts-, Abbildungs- und Tabellenverzeichnis etc. sind bei jeder Arbeit notwendig. Man muss diese Elemente nicht immer neu schreiben und formatieren.

Neben den von den Herstellern der Textbearbeitungsprogramme vorgegebenen Formatvorlagen können auch zusätzliche Vorlagen erstellt oder von Diskette geladen werden. Zu diesem Ratgeber sind verschiedene Vorlagen speziell für die studentischen Bedürfnisse entwickelt worden. Eine einfachere Version für Seminar-, eine etwas aufwändigere Version für Diplom- und Staatsexamensarbeiten. Diese sind im Internet auf der Homepage des Arbeitsbereichs Sportpädagogik des Sportwissenschaftlichen Instituts der Universität des Saarlandes unter der folgenden Adresse zu finden:

http://www.uni-saarland.de/fak5/sportpaed/

Über die Suchmaschine finden Sie diese unter dem Schlagwort *Druckformatvorlagen* sofort. Diese Dateien können in das entsprechende Verzeichnis der Festplatte kopiert und danach für die Anfertigung der entsprechenden Arbeiten benutzt werden. Wo die Vorlagen für Ihr

Programm z. B. bei Microsoft© Word gespeichert sind, erfährt man, wenn man das Dialogfeld [Extras – Optionen – Dateiablage – Benutzervorlagen] anklickt (siehe Abbildung 8).

Bei den Druckformatvorlagen sind bereits die wesentlichen Bestandteile einer Seminar- bzw. einer Diplomarbeit vorgesehen. Die Vorlagen erklären sich weitestgehend selbst.

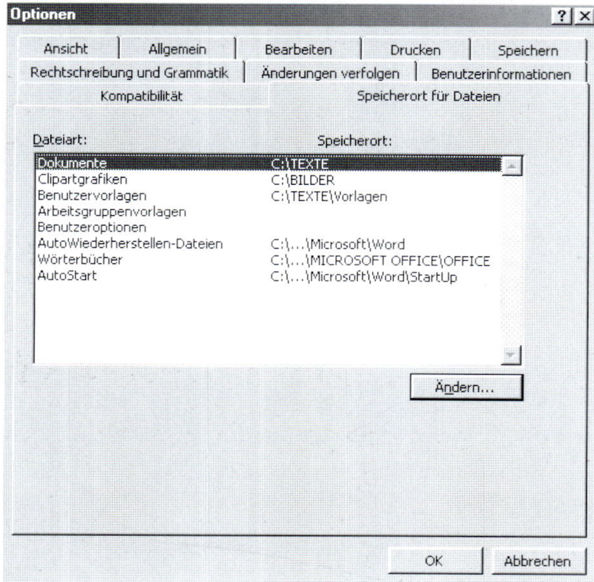

Abbildung 8: Bildschirmdarstellung des Dialogfeldes [Extras – Optionen]. Aus diesem Dialogfeld geht hervor, wo die Druckformatvorlagen abgelegt sind.

4.2 Zum Arbeiten mit Absatzformatvorlagen

Um ein ansprechendes Layout einer Arbeit zu erreichen, sollte man nicht wie früher mit der Schreibmaschine nur eine Standardschrift benutzen, sondern verschiedene, aber nicht zu viele, Schriftgrößen und Schriftarten einsetzen. Diese werden in den Absatzformatvorlagen gespeichert.

Bei Microsoft© Word ist es sehr einfach, die Vorlage für einen bestimmten Absatz zu bestimmen. In der Symbolleiste *Format* ist ganz links ein kleines Feld, in dem die aktuell gebrauchte Absatzformatvorlage angezeigt wird. Klickt man dieses Feld an, werden alle verfügbaren Formatvorlagen mit den entsprechenden Schriftarten und Schriftgrößen angezeigt (siehe Abbildung 9).

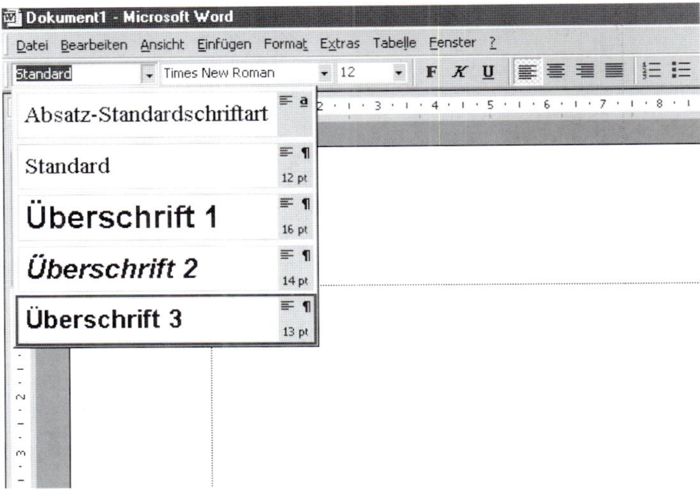

Abbildung 9: Geöffnetes Dialogfeld [Absatzformat] mit den verfügbaren Vorlagen

In den Formatvorlagen sind für bestimmte Absätze verschiedene Schriftarten, Schriftgrößen, Zeilenabstände etc. vorgesehen, die in Tabelle 3 aufgelistet sind.

Besonders wichtig ist der Gebrauch der Absatzformatvorlagen bei einem gegliederten Text: Wenn man das Inhaltsverzeichnis automatisch erstellen bzw. aktualisieren lassen möchte, muss das Textbearbeitungsprogramm wissen, welche Textbestandteile eine Überschrift darstellen.

Den Überschriften müssen hierzu die entsprechenden Absatzformate zugewiesen werden. Auch wenn die Gliederung umgestellt werden soll, ist dies bei Verwendung der Absatzformatvorlagen kein Problem. Auch Umstellungen eines bereits geschriebenen Textes von einer Druckformatvorlage auf eine andere sind über den Befehl [Format – Format – Vorlagen – Katalog] möglich.

Tabelle 3: Übersicht über die wichtigsten in der Druckformatvorlage für Seminararbeiten verwendeten Absatzformatvorlagen. ↑ = Absatzabstand nach oben; ↓ = Absatzabstand nach unten

Absatzformat	Schriftart	Zeilenabstand	Besonderheiten
Überschrift erster Ordnung	Arial fett 16	Mehrfach 1.2	Hängender Einzug 1.5 cm; Abstände ↑18/ ↓12
Überschrift zweiter Ordnung	Arial fett 14	Mehrfach 1.2	Hängender Einzug 1.5 cm; Abstände ↑18/ ↓12
Überschrift dritter Ordnung	Arial fett 12	Mehrfach 1.2	Hängender Einzug 1.5 cm; Abstände ↑12/ ↓ 6

Absatzformat	Schriftart	Zeilenabstand	Besonderheiten
Überschrift vierter Ordnung	Arial fett 12	Mehrfach 1.2	Hängender Einzug 1.5 cm; Abstände ↑ 12/ ↓ 6 ohne Nummerierung
Standard	Times New Roman normal 12	Mehrfach 1.2	Einzug erste Zeile 0.5 cm; Abstände ↑ 3/ ↓ 3
Literatur–verzeichnis	Times New Roman normal 12	Einzeilig	Hängender Einzug 1 cm; Abstände ↑ 0/ ↓ 0
Blockzitate	Times New Roman normal 12	Einzeilig	Einzug links und rechts 0.5 cm; Abstände ↑ 9/ ↓ 6
Legenden-beschriftung für Abbildungen und Tabellen	Arial kursiv 10	Einzeilig	Einzug links und rechts 0.5 cm; Abstände ↑ 18/ ↓ 12
Tabellen-beschriftung	Arial normal 10	Einzeilig	Vertikal zentrieren; Abstände ↑ 0/ ↓ 0
Listennummer	Times New Roman normal 12	Mehrfach 1.2	Hängender Einzug 0.75 cm; Abstände ↑ 3/ ↓ 3 Arabische Ziffern
Aufzählungs-zeichen	Times New Roman normal 12	Mehrfach 1.2	Einzug links 1 cm; Hängender Einzug 0.5 cm Abstände ↑ 3/ ↓ 3 als Aufzählungs-zeichen

Veränderungen an der Formatvorlage können über das Dialogfeld [Format – Formatvorlage – Bearbeiten – Format ...] vorgenommen werden. Wenn lediglich das Dialogfeld [Format – Absatz oder Zeichen] benutzt wird, wirken sich diese Änderungen nur auf den jeweils markierten Text aus.

Der Autor ist bemüht, die Druckformatvorlagen ständig zu verbessern und zu aktualisieren und ist deshalb für jede Rückmeldung dankbar.

4.3 Zum Arbeiten mit der Gliederungsfunktion

Insbesondere bei längeren Texten, wie z. B. bei Examens- und Diplomarbeiten, empfiehlt es sich, mit der Gliederungsfunktion zu arbeiten. Hierbei werden nur noch die Kapitelüberschriften erster, zweiter oder dritter Ordnung angezeigt. Der dazugehörige Text kann ein- oder ausgeblendet werden.

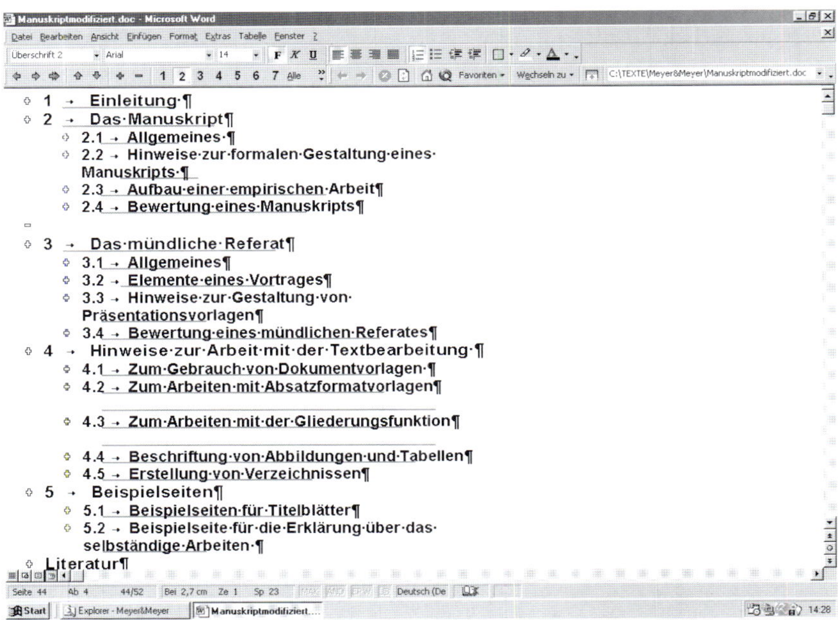

Abbildung 10: Bildschirmdarstellung der Gliederungsfunktion von Microsoft© Word

Das Arbeiten mit der Gliederungsfunktion ist auch besonders zu empfehlen, solange die endgültige Gliederung einer Arbeit noch nicht feststeht. Ganze Kapitel können bequem verschoben werden. Hierbei werden ganz selbstverständlich alle Kapitel-, Abbildungs- und Tabellennummerierungen automatisch aktualisiert, sofern man mit den entsprechenden Absatzformaten gearbeitet hat.

4.4 Beschriftung von Abbildungen und Tabellen

Die automatische Nummerierung von Abbildungen und Tabellen erspart gerade bei Examens- und Diplomarbeit sehr viel Arbeit, weil hierdurch die Abbildungs- bzw. Tabellenverzeichnisse automatisch erstellt werden können. Nach Eingabe des Befehls [Einfügen – Beschriftung] öffnet sich ein selbsterklärendes Dialogfeld (siehe Abbildung 11). Dort müssen nur noch die angeforderten Informationen eingetragen werden. Bei der Umstellung der Gliederung oder beim Kopieren von Beschriftungen und den dazugehörigen Abbildungen oder Tabellen wird die Nummerierung automatisch aktualisiert. Auch für das Anlegen von Querverweisen ist diese Funktion sehr wichtig.

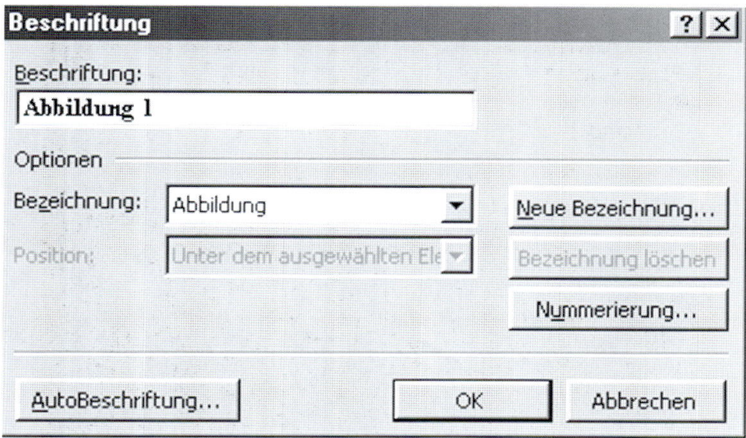

Abbildung 11: Dialogfeld beim Anlegen einer Abbildung

4.5 Erstellung von Verzeichnissen

Das Inhaltsverzeichnis sowie die Verzeichnisse der Abbildungen und Tabellen sind relativ leicht zu erstellen. Voraussetzung ist, dass das Textbearbeitungssystem erkennen kann, welche Absätze als Überschriften, Abbildungsunter- oder Tabellenüberschriften zu interpretieren sind. In einem ersten Schritt müssen den entsprechenden Absätzen die entsprechenden Absatzformate zugewiesen werden (vgl. 4.2 bzw. 4.4).

Danach können die Verzeichnisse über die Anweisung [Einfügen – Index und Verzeichnisse] generiert werden. Hierbei kann auch festgelegt werden, wie die Verzeichnisse aussehen sollen und wie viele Gliederungsebenen das Inhaltsverzeichnis haben soll.

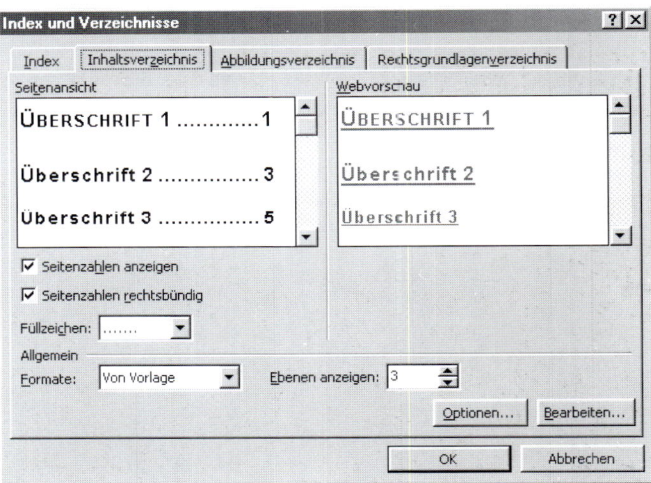

Abbildung 12: Dialogfeld zum Generieren des Inhaltsverzeichnisses

5

BEISPIELSEITEN

5.1 Beispielseiten für Titelblätter

Beispiel für das Titelblatt einer Seminararbeit

Bernd Müller
(Matrikelnummer 12 345 678)

Koedukation im Sportunterricht

Seminararbeit im Rahmen des Seminars
„Didaktik/Methodik des Sportunterrichts"

Seminarleiter: Dr. Hans Meyer

Sportwissenschaftliches Institut
der Universität des Saarlandes

Saarbrücken

SS 2002

Beispiel für das Titelblatt einer Diplomarbeit

Bernd Müller

Empirische Untersuchungen zur Beliebtheit des Sportunterrichts

Diplomarbeit

1. Gutachter: Prof. Dr. Hans Meyer
2. Gutachter: Dr. Sabine Pech

Sportwissenschaftliches Institut
der Universität des Saarlandes

Saarbrücken

Abgabetermin: 12. April 2002

5.2 Beispielseite für die Erklärung über das selbstständige Arbeiten

Am Ende einer Diplom- oder Staatsexamensarbeit ist eine Erklärung abzugeben, dass die Arbeit selbstständig verfasst wurde.

Beispiel für die Erklärung über selbstständiges Arbeiten

Erklärung

Hiermit versichere ich, dass die Arbeit

Originaltitel der Arbeit

von mir selbst und ohne jede unerlaubte Hilfe angefertigt wurde, dass sie noch keiner anderen Stelle zur Prüfung vorgelegen hat. Die Stellen der Arbeit einschließlich der Tabellen und Abbildungen, die anderen Werken dem Wortlaut oder dem Sinn nach entnommen sind, habe ich in jedem einzelnen Fall kenntlich gemacht und die Herkunft nachgewiesen.

....

Datum und Unterschrift

LITERATUR

Literatur

American Psychological Association. (2001). *Publication Manual of the American Psychological Association* (5th rev. Ed.). Washington, D. C.: Author.

Bortz, J. & Döring, N. (1995). *Forschungsmethoden und Evaluation für Sozialwissenschaftler* (2. neu bearbeitete Aufl.). Berlin: Springer.

Bös, K., Hänsel, F. & Schott, N. (2000). *Empirische Untersuchungen in der Sportwissenschaft. Planung – Auswertung – Statistik.* Hamburg: Czwalina.

Czwalina, C. (1997). *Richtlinien für Zitate, Quellenangaben, Anmerkungen, Literaturverzeichnisse u. ä.* (6. überarbeitete Aufl.). Hamburg: Czwalina.

Deutsche Vereinigung für Sportwissenschaft. (2002). *Hinweise zur Textgestaltung.* Hamburg: Autor.

Deutsche Gesellschaft für Psychologie. (1997). *Richtlinien zur Manuskriptgestaltung* (2. überarbeitete und erweiterte Aufl.). Göttingen: Verlag für Psychologie Dr. C. J. Hogrefe.

Deutsches Institut für Normung e. V. (DIN). (2001). *Schreib- und Gestaltungsregeln für die Textbearbeitung.* Sonderdruck *von DIN 5008: 2001* (2. Auflage). Berlin: Beuth.

Duden. (1996). *Die deutsche Rechtschreibung* (21. überarbeitete Aufl.). Mannheim: Duden Verlag.

Hager, W. & Spies, K. (1991). *Versuchsdurchführung und Versuchsbericht.* Göttingen: Verlag für Psychologie Dr. C. J. Hogrefe.

Hartmann, M., Funk, R. & Nietmann, H. (1995). *Präsentieren* (3. überarbeitete Aufl.). Weinheim: Beltz.

Krämer, W. (1993). *Wie schreibe ich eine Seminar-, Examens- und Diplomarbeit* ? (2. überabeitete Aufl.). Stuttgart: Gustav Fischer.

Vester, F. (1996). *Denken, Lernen, Vergessen* (23. überarbeitete Aufl.). München: Deutscher Taschenbuch Verlag.

Will, H. (1994). *Mini-Handbuch Vortrag und Präsentation.* Weinheim: Beltz.

Wydra, G. (2000). Bibliografische Standards in der Sportwissenschaft. Ergebnisse einer Onlinebefragung. *dvs-Informationen, 15* (2), 30-33.

SACHREGISTER

Sachregister

A

B

D

E

F

G

H

I

K

L

M

O

P

U

V

W

Z

ABBILDUNGS- UND TABELLENVERZEICHNIS

Abbildungsverzeichnis

Tabellenverzeichnis

Titelbildgestaltung: Birgit Engelen, Stolberg

„Edition Sport und Freizeit"

Die Reihe greift aktuelle Themen und Problemstellungen in Sport und Freizeit unter sportwissenschaftlicher Betrachtung auf. Herausgeber ist Prof. Dr. Walter Tokarski, Rektor der Deutschen Sporthochschule Köln.

Eine Auswahl...

Band 11
Lothar Hübl/Hans Heinrich Peters/
Detlef Swieter
Ligasport
aus ökonomischer Sicht

ISBN 3-89124-865-2
€ 18,90 / SFr 32,10

Band 12
Joachim Behrendt
Freizeit – Spaß und Ökonomie
Ansatz - Konzeption - Realisation

ISBN 3-89124-789-3
€ 18,90 / SFr 32,10

Band 13
Eike Jost
Symbolspiel und Bewegungstheater

ISBN 3-89124-274-3
€ 18,90 / SFr 32,10

Band 14
Christian Breuer/
Harald Michels (Hrsg.)
Trendsport – Modelle, Orientierungen und Konsequenzen

ISBN 3-89124-850-4
ca. € 18,90 / SFr 32,10

„Sportentwicklungen in Deutschland"

Die Reihe setzt sich zum Ziel, den Sport im Sinne einer laufenden empirischen Sozialberichterstattung zu analysieren, um die Ergebnisse einer fundierten und kritischen sport- und sozialpolitischen Diskussion zuzuführen. Herausgeber: Prof. Dr. J. Baur, Universität Potsdam/ Prof. Dr. W.-D. Brettschneider, Universität GH Paderborn.

Eine Auswahl...

Band 2
Jürgen Baur (Hrsg.)
Jugendsport
Sportengagements
und Sportkarrieren

ISBN 3-89124-388-X
€ 18,90 / SFr 32,10

Band 5
W.-Dietrich Brettschneider/
Guido Klimek (Hrsg.)
Sportbetonte Schulen –
Ein Königsweg zur Förderung sportlicher Talente

ISBN 3-89124-439-8
€ 18,90 / SFr 32,10

Band 9
Jürgen Baur/Sebastian Braun
Zweiter Arbeitsmarkt im Sport
Zur Förderung der Jugendarbeit in Sportorganisationen

ISBN 3-89124-569-6
€ 18,90 / SFr 32,10

Band 11
Theo Austermühle (Hrsg.)
Vom Studentensport
zum Hochschulsport

ISBN 3-89124-663-3
€ 18,90 / SFr 32,10

Sportwissenschaft studieren

Die Schriftenreihe richtet sich vor allem an Sportstudierende, aber auch an alle im Sport Lehrende und an diejenigen, die an sportwissenschaftlichen Themen und ihrer Vermittlung interessiert sind. Herausgeber: Prof. W.-D. Brettschneider, Dr. D. Kuhlmann

Band 1
Eckart Balz/
Detlef Kuhlmann
Sportpädagogik
Ein Lehrbuch in 14 Lektionen

ISBN 3-89124-667-6
ca. € 18,90 / SFr 32,10

Band 2
Gerhard Trosien
Sportökonomie –
Ein Lehrbuch in 15 Lektionen

ISBN 3-89124-866-0
ca. € 18,90 / SFr 32,10

Band 3
Michael Bräutigam
Sportdidaktik –
Ein Lehrbuch in 13 Lektionen

Neuheit Herbst 2002

ISBN 3-89124-849-0
ca. € 18,90 / SFr 32,10

Sportökonomie & Sportmanagement

In dieser Reihe soll ein praxisorientiertes, sportrelevantes Managementwissen erarbeitet, gesammelt und verbreitet werden. Herausgegeben von Prof. Heinz-Dieter Horch, Jörg Heydel und Axel Sierau.

Edition Sportökonomie und Sportmanagement
Band 1
Heinz-Dieter Horch/Jörg Heydel/
Axel Sierau (Hrsg.)
Professionalisierung im Sportmanagement

ISBN 3-89124-444-4
€ 23,90 / SFr 40,30

Edition Sportökonomie und Sportmanagement
Band 2
Heinz-Dieter Horch/Jörg Heydel/
Axel Sierau (Hrsg.)
Finanzierung des Sports

ISBN 3-89124-879-2
€ 23,90 / SFr 40,30